JN000059

新たな収益源確保と
節税を実現する!

経営者のための 不動産投資成功法則

藤原正明
Masaaki Fujiwara

CROSSMEDIA PUBLISHING

はじめに

「10年後の自分や自分の会社は、どうなっているのか」。あなたは、想像できますか？

2020年に新型コロナウイルスの大流行が始まって以来、たった3年半で世界は大きく変化しました。そう考えると、10年後に世の中がどう変わり、自分がどうなっているのかなど、誰にも想像することはできません。

すでにコロナは過ぎ去りましたが、民主主義と権威主義の軋轢による新たな戦争や、地球温暖化、デジタルエコノミーのとめどもない進化など、さまざまな変化の要因が社会にしっかりと組み込まれており、10年先どころか、1年先、半年先の見通しすら立たないような状況です。

確実に言えるのは、これからも変化は絶え間なく続き、しかもそのスピードはどんどん速まっていくということ。

ビジネスや生活の流れに逆らうことができないのなら、どのような変化が起こっても、安定したビジネスや生活の支えとなる安定した収入源を確保しておくことが重要です。10年後に「こんなはずじゃなかった」と後悔しないためにも、しっかりとした備えの手を打っておくべきです。

この本を手に取ったあなたは、会社の経営者、または、近年まで会社を経営しておられた方だと思います。

おそらく、あなたの経営する会社や、経営していた会社も、この3年半の大きな変化の波に翻弄され、起死回生や軌道修正のためにもがき苦しんだのではありませんか？　たとえコロナの影響がそれほどではなかったとしても、あまりの変化の激しさに、「今のビジネスを、このまま続けて大丈夫なのだろうか？」と不安を抱いた方も大勢いらっしゃるはずです。

すでに会社を売却して、経営を辞めてしまった方の多くも、先々が見えないことへの不安が、一線を退くことに踏み切るきっかけとなったのではないでしょうか。
「たまたま、いい買い手が見つかったから」とか、「高く買ってもらえる算段がついたから」ということで会社を売却し、数十億円単位のお金を手にした方もいらっしゃるはずです。
「これで一生安泰に暮らせる」と安心している方もいると思いますが、何もせずに贅沢な暮らしをしていれば、当然ながら、お金はどんどん減っていきます。少しでも蓄えを維持し殖やそうと、株や暗号資産投資、FX（外国為替証拠金取引）を始めたり、銀行や税理士が薦める保険に入ったりしたけれど、殖やすどころか、むしろ資産がどんどん目減りしてしまうというケースも珍しくありません。
　そんな、この先のビジネスに不安を感じている経営者の方々、あるいは資産運用に躓いてしまっている元経営者の方々にお勧めしたいのが、本書で紹介する「経営者のための不動産投資」なのです。

　たとえ世の中や、ビジネスを取り巻く環境が大きく変化したとしても、未来永劫変わらないものもあります。

　それは、「人が家に住む」という行為です。

　もちろん、「住まい」のトレンドもここ数年で大きく変化しており、若者の間では、たんなる賃貸だけではなく、ルームシェアやテラスハウスなど、新しい「住まい方」を好む人が増えています。コロナ禍でリモートワークが定着し、同じ賃貸でも、オフィスから遠く離れた田舎の物件に住む人が増えているのも近年のトレンドでしょう。
　とはいえ、「住まい方」や住む場所が変わっても、「住む」という行為そのものがなくなることはありません。
　言い換えれば、賃貸住宅のニーズも消えてなくなることはないわけです。
　私が「経営者のための不動産投資」としてお勧めしているのは、まさにこの「賃貸住宅投資」です。

不動産投資と言うと、値上がりしそうなアパートやマンションを取得し、高くなったら売るというキャピタルゲイン（売却益）狙いの投資を想像する方もいらっしゃると思います。今から30年以上前の“バブル景気”の時代にはそんな投資が流行りましたし、東京2020オリンピック・パラリンピックの開催が決定した後の2010年代前半から2010年代後半もキャピタルゲイン狙いの不動産投資が局所的に可能な時代でした。

不動産投資には、そんな“キャピタルゲイン狙い”の投資以外に、取得した物件を賃貸し、安定的な賃料収入を得る“インカムゲイン狙い”の投資方法もあります。インカムとは、銀行の利息や株式の配当、あるいは年金のような“定期収入”のことです。

「経営者のための不動産投資」は、インカムゲイン狙いの賃貸住宅投資なのです。

経営者の方々なら、「毎月、確実に入ってくるお金があったら、どんなにありがたいことか」と誰もが思うことでしょう。

ビジネスで得られるインカムは、その時々の受注状況や営業成績によって異なるので非常に不安定ですし、市場環境やニーズの変化によって突然大きく減ったり、途絶えてしまったりすることもあります。

その点、賃料収入は、賃貸している物件に人が住み続けている限り、毎月同じ金額が安定的に入ってきます。不安定な事業収入を補い、毎月支払わなければならない固定費や人件費を賄うためにも、賃貸住宅投資は非常に有効な手段だと言えます。

また、すでに会社を売却して、悠々自適の生活を手に入れた元経営者の方々にとっても、インカムゲイン狙いの賃貸住宅投資は、資産を守り、殖やすための有効な手段です。

株や暗号資産、FXなどは、相場に大きく左右されるので、好調な時には資産が大きく殖えますが、いったん相場が悪化すると、資産が目減りしてしまう危険もあります。新型コロナウイルスの流行が始まった2020年初めに米国のダウ平均が1万ドル近く急落し、その後、2年掛かりで3万6,000ドル台まで回復したものの、ロシアのウクライナ侵攻で再び8,000ドル近く下落したのは記憶に新しいところです。

このように、相場の上げ下げに影響される"キャピタルゲイン狙い"の投資は、会社を売って手に入れた虎の子のお金を一気に失ってしまうリスクをはらんでいます。

また、銀行や税理士が薦める保険や投資商品も、確実に資産を殖やせるという保証があるわけではありません。

その点、インカムゲイン狙いの賃貸住宅投資なら、コツコツと賃料収入を積み上げることで、資産を守り着実に殖やすことが可能です。

しかも、賃貸住宅投資には、資産を安定的に殖やせるだけでなく、さまざまな節税のメリットもあります。

これは、すでに会社を売却してしまった元経営者の方々だけでなく、現役の経営者の方々や、経営しておられる会社にとっても見逃せないメリットです。たとえば、経営する会社を通じて賃貸住宅投資を行えば、物件の減価償却費を計上することによって利益を減らし、その分、納税を先送りすることも可能となります。納税額が減れば、浮いたお金を固定費や人件費に充てられるので、資金繰りが非常にラクになるのです。

私が経営する大和財託(以下、当社)は、そうしたさまざまなメリットを経営者の方々や、元経営者の方々に享受していただくため、不動産投資・賃貸経営のお手伝いをしてきました。

賃貸によって安定的なインカムが得られる物件のことを「収益不動産」と言います。当社は2013年に設立し、収益不動産の取得・運用・売却をはじめとする資産運用計画づくりや、資産形成、税金対策のサポートを行ってきました。

この本では、その経験とノウハウをもとに、経営者の方々や経営する会社が収益不動産を活用して安定収益を得る方法、元経営者の方々が着実に資産を保全、運用する方法などを詳しく解説します。

さらに、法人税や所得税、事業承継や相続に関連する納税負担を少しでも減らすためには、どのような物件を選べばいいのか？　といったことについても、具体的な事例を交えながら詳しく紹介していきます。

本書をお読みいただくことで、1人でも多くの経営者や元経営者の方々が悩みを解消できるきっかけとなれば、著者として幸甚です。

藤原正明

第3章 最適な投資ポートフォリオ構築のためのエリアと物件の選び方

第4章 不動産投資を有利に進めるファイナンス戦略

第5章 安定収益を実現する物件運営の極意

ニーズ別にモデルケースで解説 不動産投資で収益確保や節税を実現する方法

第7章

経営者の収益不動産活用 5つの成功事例

本書は『中小企業経営者こそ収益不動産に投資しなさい――会社と個人で「安定収益確保」「節税」「事業承継・相続対策」を実現する』（ダイヤモンド社）の構成を変更し、大幅に加筆したものです。

カバー・本文デザイン……金澤浩二
本文DTP……bird location（吉野章）
編集担当……大沢卓士
編集協力……仲山洋平
執筆協力……渡辺賢一

第1章

「不動産投資」が経営の安定と節税に効果的な理由

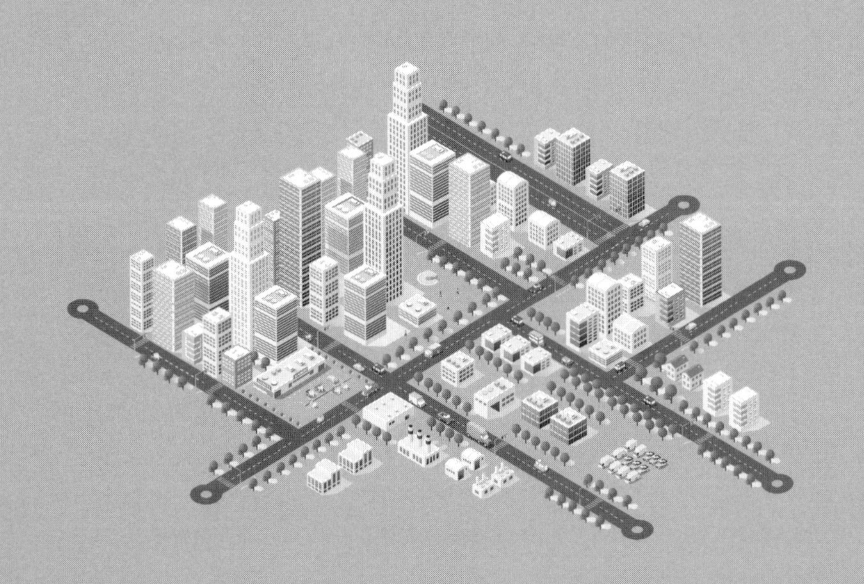

時代の急速な変化とともに中小企業の経営はますます難しくなっている

「VUCA」という言葉をご存じでしょうか？

Vは「Volatility」（変動性）、Uは「Uncertainty」（不確実性）、Cは「Complexity」（複雑性）、Aは「Ambiguity」（曖昧性）のこと。つまり、「VUCA」とは、「移ろいやすく、不確実で、複雑、かつ曖昧」な状態を言い表す言葉です。

もともとは軍事用語で、冷戦終結後の複雑化した国際情勢において、戦局の見通しが難しくなったことを言い表す言葉だったのですが、新型コロナウイルスの大流行を受けて、ビジネスでも使われることが多くなりました。

実際、2020年に新型コロナが爆発的な流行を開始して以来、ビジネスの不確実性や複雑さは、その勢いを増しています。

「感染への恐怖」が人と人との繋がりを寸断し、移動や対面が困難になったことで、リアル店舗や外食サービスの売上が急減。オンライン通販やフードデリバリーサービスが日常化するなど、「求められるサービス」のあり方が大きく変わったのが、この3年半の大きな変化でした。

変化の動きはこれからも続くでしょうし、その速度とマグニチュードはどんどん高まっていくはずです。

なぜなら、変化を巻き起こす要因は、新型コロナという一過性の疫病にとどまらず、戦争や気候変動、巨大化する自然災害、人口爆発（日本では少子高齢化による人口減少）、デジタル化の急速な進展など、他にも数多く存在するからです。

「VUCAの時代」は、まだ始まったばかり。これから、ますます将来の予測が困難な時代がやってくることは間違いありません。

変化の激しさが増すことは、企業経営者にとって、ビジネスの難度が上がることを意味します。

今まで受け入れられていた商品やサービスが、ある日突然、需要を失ってぱったり売れなくなるということが当たり前に起こり得るのですから、きめ細かく市場の変化を捉えながら、売り物や売り方を柔軟に変えていかないと、生き残っていくのは難しいでしょう。

大企業であれば、最新のデジタルマーケティングツールなどを活用して、猫の目のように変わる消費トレンドの変化を探り、柔軟に営業戦略や販売戦略を見直すことができるかもしれません。

しかし、デジタルツールはおろか、そもそもヒト・モノ・カネなどの経営資源が不十分な中小企業は、変化への対応力が大企業ほど備わっていません。「今まで通りのビジネス」を続けていると、いずれジリ貧になり、経営が立ち行かなくなってしまう——。そんなふうに恐れている中小企業の経営者は、決して少なくないのではないかと思います。

だからと言って、何か新しい事業を始めるというのも難しいものです。

市場やニーズが目まぐるしく変化するなかで、新たな事業を立ち上げても果たして時代にマッチするのかどうか、ユーザーに受け入れられるのかどうかは予測困難です。

命運を賭けて新商品やサービスに多額の先行資金を投入したのに、フタを開けてみたらさっぱり売れなかったという話はよくありますが、「VUCAの時代」には、そんな失敗例がますます多くなるはずです。

大企業に比べて資金力の弱い中小企業は、そうした失敗でいともたやすく会社が傾いてしまう恐れもあるのですから、新しい事業にはよほど慎重に取り組まなければなりません。

変化の激しい時代に中小企業の経営者が考えたいのは、たとえ本業がジリ貧になったり、新規事業が思うように成功しなかったとしても、それを補ってくれるような安定収益源をしっかり確保しておくこと。

その最も有効な手段の1つが、不動産投資です。

どんなに時代が変化しても、安定的な需要が見込め、確実なインカムが得られる不動産投資は、本業の傍らでもできるという手軽さを含め、中小企業がやっておいて損は無い“新規事業”の1つであると言えます。

経営者個人が投資すれば税負担が軽くなり資産運用に弾みがつく

企業が不動産投資を行うと、安定的な収益が得られる他に、税制面でも大きなメリットがあります。

たとえば、収益不動産を取得すると、建物部分の減価償却費を上手に活用することで、法人所得の圧縮が可能となります。本業で稼いだ売上から、各種費用の他に減価償却費を差し引くことで、法人所得を大きく減らし、それによって納税額も抑えられるのです。

これによって、本来納税に回すはずだったお金が浮けば、固定費や人件費に回して資金繰りをラクにすることができます。

このメリットは、経営する会社だけでなく、経営者自身が享受することも可能です。経営者が自ら収益不動産を取得すれば、個人の所得から減価償却費を差し引くことで、所得税・住民税の納税額を減らせるのです。

一般に日本の中小企業のオーナー経営者の平均年収は、1,500万円から2,000万円程度と言われています。

事業が好調で、本来なら5,000万円や1億円といった高額の役員報酬をもらってもいいような経営者であっても、あえて2,000万円程度に抑えている例も少なくありません。

その理由は、あまり多く報酬をもらいすぎると、その分、納める所得税・住民税の額が大きくなってしまうからです。

日本の個人の所得税は累進税率を採用しているので、最低税率は5％ですが、課税所得が1,800万円を超えると税率は40％に、4,000万円を超えると45％になってしまいます。さらに、住民税が税率10%で課税されるので、最高税率は55%となるのです。この他、2037年までは復興特別所得税が2.1％課税されます。

仮に5,000万円の役員報酬を受け取ったとしても、そのうちの2,000万円以上、1億円の報酬なら4,800万円ほどは税金として取られてしまいます。だったら最初から報酬額を抑えてお金は法人に置いておこう、と多くの経営者は考えるわけです。

ここで、不動産投資のメリットが活かせます。多額の役員報酬を受け取っても、減価償却費で不動産所得がマイナスになれば、納税額を抑えることができるのです。

また、不動産投資には、法人や個人の所得（フロー）に対する法人税・所得税の他に、保有する資産（ストック）に対する資産税の納税額を抑えられるメリットもあります。

たとえば、経営者個人が収益不動産を取得した場合は、相続税・贈与税などの納税額を減額することが可能です。

相続資産を評価する際、収益不動産は物件購入価格がそのまま評価額になるのではなく、土地は相続税路線価、建物は固定資産税評価額を基準とします。これだけでも市場価格に比べて評価を大きく圧縮できますが、収益不動産で賃貸事業を行うと、土地・建物を第三者に貸与しているということで、さらに評価を下げることができるのです。

相続税評価で言えば、市場価格の30％程度まで評価が下がることもあるのですから、多額の個人資産を持っている経営者ほど、不動産投資を行わない手はないと言えます。

さらに、経営者の贈与・相続をめぐっては、会社を子どもなどに譲るために、自社株の評価をいかに下げるかという事業承継の問題もあります。

自社株を後継者に譲るには、贈与・売買・相続のいずれかを選択することになりますが、いずれの方法であっても恣意的に株価を決めることはできません。国税庁が定めた非上場株式の評価方法に基づいた金額で手続きしなければならないのです。

この評価方法では、業歴が長く、内部留保の積み上げが潤沢にあり、直近の業績が好調な会社であるほど、自社株評価が高額になる傾向があります。

その分、自社株を承継する際に多額の税負担を強いられるケースが多発しているのです。

では、どうすれば自社株の評価を下げることができるのでしょうか？

その有効な手段の１つが、不動産投資なのです（詳しくは第6章で解説します）。

以上のように、不動産投資には、節税面でもさまざまなメリットがあります。特に近年は、所得税・住民税や相続税・贈与税など、個人の課税負担が年々重くなっているので、経営者の方々が負担を少しでも軽くするために、ぜひ実践をお勧めしたいところです。

会社を売却した元経営者にとっても不動産投資は有効

不動産投資は、現役の経営者だけでなく、すでに自分の会社を売却した元経営者が、売却によって得た資産を運用するうえでも有効な手段です。

近年、自ら創業した会社や、親から譲り受けた会社を大企業などに売却する経営者が増えています。事業自体はうまくいっているけれど、そろそろ経営の一線から退いて悠々自適の人生を送りたい、さらなる事業の成長のためには、大企業に譲り渡したほうが会社にとってよいといった考えから、売却に踏み切るようです。企業のM&A（合併・買収）を仲介するサービスが活況を呈していることも、そうした動きに拍車を掛けているのでしょう。

一般に、会社の売却によって元経営者が手にする資金は数億円から数十億円といったところですが、なかには100億円以上のお金を手にする方もいます。

そうした元経営者の方々には、「せっかくの資産を、もっと大きく殖やしませんか？」と、銀行や証券会社、税理士などから、さまざまな“投資話”が持ち掛けられるものです。

より具体的には、株式や仕組債のようなリスクの高い投資商品を薦めてくるケースが多いです。

言うまでもなく、こうした投資商品は、預貯金のように元本が保証されているわけではありませんし、相場の動きによっては、むしろ大きな損失を被ることもあります。

せっかく会社を売却して得た資金が、リスクの高い投資によって大きく目減りしたら、何ともやるせない気持ちになってしまうことでしょう。

その点、不動産投資は、適切な物件を適正な価格で取得し、きちんと管理をすれば、安定的なインカムが得られるという利点があります。

資産を減らすことなく、毎月賃料収入が入ってきて着実に収益を積み上げていくことができるのです。

しかも、数億円から数十億円の資産を持っている元経営者であれば、金融機関が融資条件を優遇してくれるので、有利な状態で不動産投資に取り組むことが可能なのです。

株などの金融商品は、お金を借りて買うことはできませんが、収益不動産は借りたお金で投資できるのが大きなメリットの1つです。大きな資産をお持ちの元経営者であれば、そのメリットを存分に生かせるのです。

不動産投資のメリット①
安定収益源が確保できる

では、ここで改めて、不動産投資にはどのようなメリットがあるのかについて整理をしておきましょう。

主なメリットは、「安定収益源が確保できること」と「節税に活用できること」の2つです。

「節税」に関しては、所得（フロー）に対する税金（法人税・個人所得税など）と、資産（ストック）に対する税金（相続税・贈与税など）のそれぞれを抑える効果が期待できます。

以下、具体的に見ていきましょう。

まずは、「安定収益源の確保」について説明します。

ここまで述べてきたように、変化のスピードがどんどん速まり、世の中の不確実性や複雑性が増すなかで、事業の安定的な継続や、新しい事業を立ち上げて成功させることはどんどん難しくなっています。

そこで私が提案するのは、本業以外に、もう1つ安定収益源を確保することです。

より具体的に言えば、1棟の賃貸アパート・賃貸マンションなどの収益不動産を取得し、その賃料収入によって安定的なキャッシュフローを確保することをお勧めします。

会社の事業ポートフォリオに、「不動産賃貸事業」という新たな事業を組み入れ、その収益によって本業の収益を補うと言えば、イメージしてもらいやすいかもしれません。

たとえば、日本の中小企業の多くは、モノづくりや、モノ・サービスの販売にかかわるビジネスを本業としています。

これらのビジネスは、景気動向やニーズの変化などによって、どうしても売上が変動しやすいものです。

昨年までは取り扱っている商品が飛ぶように売れていたのに、ライバルがより魅力の高い新商品を発売したせいで、今年はぱったり売れなくなった、といったことはよくある話です。

近年で言えば、コロナ禍によって在宅の時間が増え、フードデリバリーの需要が一気に高まる一方で、外食産業が大打撃を被った例が象徴的でしょう。

「VUCA」の時代には、このようなビジネスの栄枯盛衰がますます加速度的、かつドラスティックになるはずです。

現在、あなたの会社の業績がどんなに好調だったとしても、3年後、5年後にその好調が持続しているとは限りません。

先行きを楽観して、事業拡大のために多額の先行投資をすると、売上がまったく伸びなくなり、先行投資のために借りた資金の返済でキャッシュが回らなくなるといった事態に陥る可能性もあります。

その点、不動産賃貸事業は、世の中の変化や景気の動向にかかわらず、安定的な賃料収入を確保できるのが大きなメリットです。

どんなに世の中が変わっても、景気が悪くなっても、人は生きるために家に住まなければなりません。

「少子・高齢化」や、それに伴う人口減少によって、賃貸需要はどんどん縮小していくのではないかと心配する方もいますが、地方ではなく都市部の物件を選ぶといったように、立地の選定さえ間違えなければ、確実なニーズが見込めます。

しかも、多少景気が悪くなったとしても、GDPや所得の落ち込みに比べると、賃料相場の下げ幅はかなり限定的です。仮に本業の収益が下がったとしても、安定的な賃料収入で穴埋めができるわけです。

ただし、賃貸アパートや賃貸マンションは、どんな物件でも必ず収益が上がるというわけではありません。

立地の選定を誤れば、周辺の賃貸物件との競争によって入居者の確保が困難になったり、そもそも入居希望者が見つからず、慢性的な空室状態に陥ったりしてしまうこともあります。

さらに、内装が古臭い、間取りが使いにくい、必要な設備が整っていないといったようにクオリティがあまりよくない物件も、十分に満足してもらえず、入居者の確保が困難になることがあります。

そうした要素を押さえたうえで、何より、借り入れの返済や各種費用、納税額を差し引いても十分なキャッシュが残る収益力を持った物件を選ぶことが大切です（詳しくは80ページから）。

中古物件の場合は、過去の修繕状況が悪いと、急な修繕が多発して収益が圧迫されることもあるので、その点も十分にチェックしましょう。

何よりもありがたいのは、不動産投資を行うと、毎月定期的に賃料収入（キャッシュ）が入ってくることです。

中小企業の経営者にとって、大きな悩みの1つは「月々の資金繰り」ではないでしょうか。

資金繰りに困るのは、そもそも手元に自由に使えるキャッシュが乏しいからです。銀行から借りることができなければ、頼みの綱は得意先からの入金ですが、本業の売上が不安定だと月々の入金額も変動するので、固定費や人件費などの支払いをカバーしきれなくなることもあります。

そのうえ、業種によっては得意先からの入金は3ヵ月先、半年先ということもざらです。

今月支払わなければならないのに、入金は3ヵ月先といった苦しい状況に追い込まれ、胃の痛む思いを何度もしている経営者もいるのではないでしょうか。

収益不動産を取得して賃貸事業を始めれば、そうした苦しみをなくすことができます。入居者さえ確保できれば、毎月決まった賃料収入が確実に入ってくるのですから、これほどありがたいことはありません。

しかも、経営者にとっての大きなメリットは、安定的な収入源を確保することによって、本業に専念できるようになることです。

不動産賃貸事業は、他の事業と違って、物件さえ取得してしまえば、入居者募集や物件管理といったオペレーションをすべて外注することが可能です。何もしなくても、月々の安定した収入が確保できるのですから、非常にラクな"事業"であると言えます。

資金繰りを心配することなくビジネスに専念できるようになれば、本業のさらなる発展も見込めるのではないでしょうか。

ここまで述べてきたのは企業にとってのメリットですが、経営者自身が個人として不動産投資を行った場合でも、同様のメリットが期待できることは言うまでもありません。

毎月安定的なキャッシュが入ってくれば、生活にゆとりが生まれ、心穏やかに暮らすことができるようになります。子どもの教育や、老後の豊かな生活のために、より多くのお金を蓄えることもできるでしょう。

しかも、株や暗号資産、FXなどによる不安定な収益と違って、毎月確実に入ってくることが見込める収益なので、計画的な資産運用が可能です。

実際、こうした安定収益のメリットに着目して、会社だけでなく、個人としても不動産投資を行う経営者の方は少なくありません。

不動産投資のメリット②
所得（フロー）に対する
税金を抑える

不動産投資の2つ目のメリットは、企業の事業所得や、経営者の個人所得に対する税金を抑えられることです。

私は、これまでに数多くの中小企業のコンサルティングを行い、オーナー経営者から税金に関するさまざまな悩みをうかがってきました。

税金に関する主な悩みを集約すると、以下の4つになります。

①会社の法人税を下げたい
②会社の自社株評価を下げたい（事業承継、相続対策）
③経営者個人の所得税・住民税を下げたい
④経営者個人の相続対策（自社株評価を含む個人資産全体）をしたい

これらの悩みは、いずれも不動産投資によって解決できます。

4つの悩みを整理すると、①と③は所得（フロー）にかかわる問題、②と④は資産（ストック）にかかわる問題であることがわかります。

これを踏まえて、税金対策を大きく分けると、

⑴法人・個人の所得に対する税金対策（フローに対する節税）
⑵保有資産に対する税金対策（ストックに対する節税）

となります。

ここでは、まず⑴の「所得に対する税金対策」について説明します。

日本では、法人・個人を問わず、所得を得た場合は、その金額（課税所得）に応じて税金を納付することになっています。

納税は国民の義務ですので、税法上のルールに基づき適正に納税しなければなりません。

しかし、ルールに則ったうえで、無駄な税金を納付しなくて済むのであればそうしたい、と思うのは自然なことです。

資金繰りを円滑にするため、なるべく手持ちの現金（キャッシュ）を確保しておきたいと思うオーナー経営者であれば、なおさらのことでしょう。

そこで検討したいのが、不動産投資なのです。

図1-1 減価償却のモデル

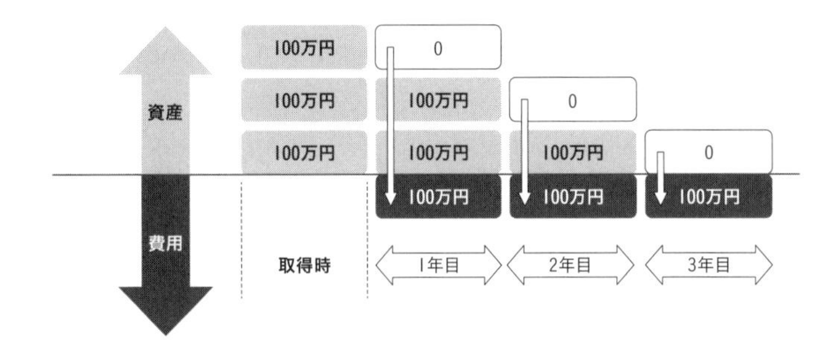

先ほども述べたように、収益不動産を取得すると、建物部分の減価償却を上手に活用することで、一定期間内の所得の圧縮が可能となります。その分、所得に対する納税額も抑えることができるわけです。

オーナー経営者であれば、「減価償却」のことはご存じの方も多いと思いますが、改めて詳細を解説します。

減価償却とは、法人や個人が取得した「減価償却資産」を、取得した年（年度）に費用として一括計上するのではなく、税法上定められた期間（法定耐用年数）に割り振って少しずつ経費計上することです。

ここで言う「減価償却資産」とは、法人や個人の業務のために用いられる建物、建物附属設備、機械装置、器具備品、車両運搬具などの資産です。

これらの資産は、いずれも導入してから1年以内に利用不可能になるわけではありません。

たとえば、車両運搬具に含まれる商用車なら、最低でも7〜8年はもつはずですし、大切に乗れば10年以上は走り続けるでしょう。オフィスの代表的な器具備品であるコピー機も、さほど酷使しなければ5年程度は問題なく使えるはずです。

1年で使い切ってしまう資産なら、その年に全額を費用計上しても問題ありませんが、減価償却資産は年数の経過とともに少しずつ価値を失っていくものですから、税法上は「年数を分けて、少しずつ費用計上していくべきもの」として扱われているわけです。

イメージとしては【図1-1】のような感じです。資産価値が300万円、法定耐用年数が3年の資産の場合、購入した年に300万円を一気に費用計上するのではなく、100万円ずつ3年間にわたって費用計上していくことになります。

もう1つ、この図で注目していただきたいのは、毎年100万円ずつ費用を計上していくのと同時に、資産の帳簿価額も100万円ずつ減っていることです。この図を見れば、減価償却とは、取得した資産の簿価上の価格が減っていくことに伴って、その分を費用計上していく仕組みであるということが、よくおわかりいただけるのではないかと思います。

収益不動産のうち、減価償却資産とみなされるのは「建物部分」および「建物付属設備」のみです。

土地については、「時間とともに価値が減っていくもの」ではないので、減価償却資産とはみなされず、減価償却費を計上することができません。

一方、一般的に建物は築年数が経てばどんどん老朽化し、資産価値が失われていきます。老朽化の速度は建物の構造によっても異なるため、建物の法定耐用年数は、構造に応じて【図1-2】のように定められています。

図1-2　建物構造・建物付属設備における法定耐用年数

※住居用の場合

構造		法定耐用年数
鉄筋コンクリート(RC)造・鉄骨鉄筋コンクリート(SRC)造		47年
鉄骨(S)造	肉厚4mm超(重量鉄骨)	34年
	肉厚3mm超4mm以下(軽量鉄骨)	27年
	肉厚3mm以下(軽量鉄骨)	19年
木造		22年
建物付属設備		6～17年

では、収益不動産を取得することによって、具体的にどのような法人税・個人所得税の節税効果が期待できるのでしょうか？

実は、ここまで「節税」という言葉を使ってきましたが、厳密に言うと、減価償却によって得られるのは節税効果ではなく、あくまでも納めるべき税金の「先送り（繰り延べ）効果」にすぎません。

なぜなら、減価償却を行うことで毎年簿価は小さくなりますが、最終的に建物を売却すると、売却額と簿価の差が売却益となり、それに対する税金がかかるからです。

たとえば、建物価格5,000万円で取得した新築の木造アパート（減価償却期間22年）を5年間保有すると、1年あたりの減価償却費は230万円になります（減価償却資産の償却率表から1年あたりの償却率は0.046）。

図1-3　減価償却資産の償却率（定額法）

耐用年数	定額法償却率	耐用年数	定額法償却率	耐用年数	定額法償却率	耐用年数	定額法償却率	耐用年数	定額法償却率
2	0.500	12	0.084	22	0.046	32	0.032	42	0.024
3	0.334	13	0.077	23	0.044	33	0.031	43	0.024
4	0.250	14	0.072	24	0.042	34	0.030	44	0.023
5	0.200	15	0.067	25	0.040	35	0.029	45	0.023
6	0.167	16	0.063	26	0.039	36	0.028	46	0.022
7	0.143	17	0.059	27	0.038	37	0.028	47	0.022
8	0.125	18	0.056	28	0.036	38	0.027	48	0.021
9	0.112	19	0.053	29	0.035	39	0.026	49	0.021
10	0.100	20	0.050	30	0.034	40	0.025	50	0.020
11	0.091	21	0.048	31	0.033	41	0.025		

5年間で1,150万円の費用を計上し、その分、納税負担を抑えられる一方で、この間、建物の簿価は3,850万円（5,000万円－1,150万円）まで下がってしまうわけです。

仮にこの建物を6年目に売却し、その価格が4,500万円だったとすると、売却価格4,500万円から簿価（3,850万円）を引いた650万円が売却益となり、その利益に対する納税義務が発生します。

つまり、減価償却によって5年間の納税負担は抑えられても、売却する際には相応の税金を納めなければならなくなるわけです。

減価償却の活用でもたらされるのは、あくまでも「税の繰り延べ効果」にすぎないという意味がおわかりいただけるのではないでしょうか。

しかし、納めるべき税金を繰り延べできるというのは、企業経営者にとって非常に大きなメリットと言えます。なぜなら、それによって当面手元に置いておけるキャッシュが殖えるからです。

ヒト・モノ・カネ・情報などの経営資源のなかでも、カネ（キャッシュ）は非常に重要なものの1つです。税の繰り延べ効果によって手元にキャッシュが残るというのは、現金を無利息で金融機関から借りたようなものです。

中小企業の経営環境は厳しい状況が続いていますし、収益の大きさも、年度によって大きく異なるものです。

今年は十分な利益を稼いだとしても、2年後、3年後も好調が続いているとは限りません。稼いだ年に多額の税金を納め、その後、急激に業績が悪くなったりしたら、「あの時に納税を先送りしておけば、手元のキャッシュで資金繰りができたはずだ」と後悔するのではないでしょうか。

また、年度によって本業の利益が計画通りにならなかった場合は、物件を売却して繰り延べていた税を利益として出すことが可能です。これによって経営の安定化を図ることができるでしょう。

減価償却が使える収益不動産は、税負担の軽減といったタックスマネジメントだけでなく、収益の安定化にも役立てることができるわけです。

法人税の節税策はいろいろありますが、不動産投資の場合は、融資を受けて物件を購入できるので、現金流出を抑えながら減価償却資産である収益不動産を購入し、減価償却費を計上できる点が大きなメリットだと言えます。

ちなみに、同じ収益不動産でも、建物の構造の違いによって、1年あたりに取れる減価償却費の額は大きく異なってきます。

【図1-4】は、建物部分が5,000万円の新築物件の1年あたりの減価償却費を構造別に比較したものですが、これを見ると、鉄筋コンクリート造（RC造）が110万円に対し、木造は230万円と2倍以上の開きがあることがわかります。

図1-4　建物価格5,000万円の新築物件における各種構造の1年の減価償却費

構造	耐用年数	償却率	1年あたりの減価償却費
木造	22年	0.046	230万円
軽量鉄骨造	27年	0.038	190万円
鉄骨造	34年	0.030	150万円
鉄筋コンクリート造	47年	0.022	110万円

この差は、構造ごとの法定耐用年数の違いによるものです。老朽化しにくいRC造の法定耐用年数は47年と長いので、1年あたりの減価償却費は小さくなりますが、老朽化が進みやすい木造は法定耐用年数が22年と短いため、1年あたりの減価償却費も大きくなるのです。

言うまでもなく、1年あたりの減価償却費が大きくなればなるほど、単年度ごとの納税負担は小さくなります。

つまり、節税を目的とする場合、不動産投資においては、1年あたりの減価償却費を最大化できる物件を選ぶことが非常に重要なポイントなのです。

1年あたりの減価償却費を最大化するためには、建物の構造だけでなく、築年数の古さにも着目する必要があります。なぜなら、中古物件であれば新築よりも減価償却期間をさらに短くして、1年あたりの減価償却費を大きくすることが可能だからです。

ちなみに、1年あたりの減価償却費を大きくすると、自社株の評価を大幅に下げることもできます。この点については、216ページから詳しく解説します。

これまで法人における減価償却による節税効果（税の繰り延べ）について説明してきましたが、実は経営者個人が1年あたりの減価償却費を大きくとれる収益不動産を購入した場合、法人名義の時のような税の繰り延べではなく、本当の節税が可能になります。ポイントは物件所有時と売却時の税率差となります。こちらも詳しくは210ページから解説します。

不動産投資のメリット③ 資産（ストック）に対する税金を抑える

次に、不動産投資によって、個人や法人が保有する資産（ストック）に対する税金がどのように抑えられるのかを見ていきましょう。

資産税にはさまざまな種類がありますが、個人を対象とする代表的な資産税と言えば、やはり相続税でしょう。

相続税は、被相続人（亡くなった方）が遺した現預金や土地・建物などの財産から、借入金や未払金などの債務を差し引いた「正味の遺産額」に対して、それを相続する人（相続人）に課せられる税金です。

たとえば、相続税評価額が6,000万円の自宅（土地・建物）、3,000万円の預金、2,000万円の借入金を、配偶者（妻）と子ども2人が相続したとしましょう。

この場合、正味の遺産額は以下の通り7,000万円となります。

自宅（土地・建物）	**6,000万円**
預金	**3,000万円**
借入金	**▲2,000万円**
正味の遺産額	**7,000万円**

なお、自宅の土地については、被相続人が相続開始の直前において居住していた家屋の敷地であれば、面積330㎡までは評価額が最大80％減額される特例措置（小規模宅地等の特例）がありますが、ここでは計算をわかりやすくするため、特例の適用は受けなかったものと考えます。

相続税は、正味の遺産額の全額に課せられるわけではありません。その金額から、基礎控除額を差し引いた残りの額が課税対象額となります。

基礎控除額は、法定相続人（民法で定められた相続人、配偶者や子どもなど）の人数によって変わります。計算式は以下の通りです。

基礎控除額＝3,000万円＋（600万円×法定相続人の数）

このケースでは3人の家族が相続するので、基礎控除額は4,800万円です。

そして、正味の遺産額7,000万円から、基礎控除額4,800万円を差し引いた残り2,200万円が相続税の課税対象額となるわけです。

ここまで、相続税の課税対象額の計算方法を説明したので、実際に納める相続税がどれくらいになるのかも計算してみましょう。

まず、相続税の課税対象額をいったん法定相続分で分割します。

実際の分け方は、遺言の指示や、家族同士の話し合いによって異なるはずですが、あくまでも相続税の計算のためです。

法定相続分は、配偶者が遺産額の「2分の1」、その他の相続人（子どもなど）が残りの「2分の1」を人数で均等に割った金額となります。

このケースでは子どもが2人なので、法定相続分は、配偶者（妻）が「2分の1」、2人の子どもがそれぞれ「4分の1」ということになります。

2,200万円の課税対象額をこの割合で割ると、配偶者（妻）の法定相続分は1,100万円、子ども2人はそれぞれ550万円になります。

＜配偶者1人・子ども2人の場合の法定相続分＞

配偶者（妻）……………… 1/2　1,100万円

子ども1 ……………………… 1/4　550万円

子ども2 ……………………… 1/4　550万円

次に、【図1-5】の「相続税の速算表」をもとに、それぞれの法定相続人に課せられる相続税の額を算出します。

図1-5　相続税の速算表

法定相続分に応ずる取得金額	税率	控除額
1,000万円以下	10%	−
3,000万円以下	15%	50万円
5,000万円以下	20%	200万円
1億円以下	30%	700万円
2億円以下	40%	1,700万円
3億円以下	45%	2,700万円
6億円以下	50%	4,200万円
6億円超	55%	7,200万円

	課税価格	税率	控除額	相続税額
配偶者（妻）	1,100万円	×15%	−50万円	＝115万円
子ども1	550万円	×10%	−0円	＝55万円
子ども2	550万円	×10%	−0円	＝55万円

上記を合算した225万円が、相続税の総額です。

各相続人が納める相続税の額は、実際の相続割合によって決定します。法定相続分の通りに分けるのであれば、上記の金額で変わりませんが、実際の相続分は妻が50%、子ども1は30%、子ども2は20%だとすれば、その割合に応じて相続税の総額を分割します。

〈各人の相続税額〉

配偶者（妻）　225万円×50%＝112万5,000円

子ども1　225万円×30%＝67万5,000円

子ども2　225万円×20%＝45万円

※実際には、妻は課税財産１億６千万円まで配偶者控除が適用

このケースでは相続した財産の規模がそれほど大きくなかったので、各相続人の相続税額も、さほど多額にならずに済みましたが、相続する財産が数億円、数十億円規模になると、納めるべき相続税の額もケタが大きく違ってきます。

その納税負担を少しでも抑えるためにも、収益不動産の活用をお勧めしたいと思います。

すでに述べたように、収益不動産を取得して賃貸事業を始めると、物件によりますが、市場価格の30〜50%程度まで評価額を下げることができます。

相続資産を評価する際、収益不動産は物件購入価格がそのまま評価額になるのではなく、土地は相続税路線価、建物は固定資産税評価額を基準とするからです。さらに、収益不動産で賃貸事業を行うと、土地・建物を第三者に貸与しているということで、相続時の評価額を大きく下げることができます。

仮に市場価格が3億円の物件だったとしても、圧縮率が50%だった場合、相続財産としての評価額は1億5,000万円になるのですから、かなりの節税効果が期待できるはずです。

この圧縮分（マイナス分）を他の現預金などの資産と合算すれば、保有資産全体の評価が大きく圧縮されることになり、結果として相続税を大幅に節税できるようになるわけです。

収益不動産を取得すれば自社株評価も下がる

オーナー経営者が保有する資産としては、経営する会社の株式、いわゆる「自社株」が、かなりの割合を占めます。

日本の中小企業の多くはファミリー企業なので、事業承継を考える場合、後継者とするのはご子息や、配偶者、あるいは一族の方々ということになるでしょう。しかし残念ながら、オーナー経営者から親族への自社株の譲渡は、思うように進んでいないのが実情です。

なぜなら、中小企業であっても、自社株の評価が思いのほか高く、譲渡する際に後継者が多額の納税負担を強いられるケースが多いからです。

先ほども述べたように、自社株の株価は、経営者が勝手に決めることはできません。国税庁の財産評価基本通達に定められた非上場株式の評価方法に基づく評価額で、相続や譲渡をしなければならないのです。

この評価方法では、業歴が長く、内部留保の積み上げが潤沢にあり、直近の業績が好調な会社であればあるほど、自社株評価が高くなります。

評価額が数億円から十数億円になってしまう会社も珍しくなく、その分、相続税や贈与税などの納税負担も重くなってしまうのです。

なかには、「それほど儲かっていない会社の株なのに、なぜそんなに高く評価されるのか？」と、不思議に思うオーナー経営者もいるかもしれません。

経営環境の変化とともに、近年はあまり儲からなくなっているとしても、業績が好調だった高度経済成長期やバブル景気の時期に大きな資産を蓄え、それが自社株評価を高くしている例が珍しくありません。

つまり、先代の経営者がバリバリ稼いでいた時期に蓄えた“過去の栄光”が、自社株の譲渡を妨げる大きな重石となっているのです。

自社株の評価方法については第6章で詳しく解説しますが、その評価は、配当金、利益および純資産の大きさによって決まります。

収益不動産を取得して賃貸事業を始めると、先ほど述べた減価償却の効果によって利益を圧縮できることに加え、純資産も小さくなるので、結果的に自社株評価を大きく下げることが可能となるのです。

個人の相続対策と、法人による自社株評価の圧縮では詳細の計算が異なりますが、いずれも保有資産の評価を大きく圧縮できるという点では共通しています。

オーナー経営者の場合、自社株評価の圧縮は行わず、オーナー経営者が個人で収益不動産を購入し、それによる評価のマイナス分を自社株評価と合算することで相続税を圧縮するという方法も取れます。

いずれにしても、収益不動産はオーナー経営者の税金に関する悩みを解決してくれる有効なツールであるということが、おわかりいただけるのではないでしょうか。

ちなみに、オーナー経営者自身が不動産投資をすれば、賃料収入を蓄えることによって、個人としての現預金資産を殖やすこともできます。

土地・建物という資産を手に入れるだけでなく、それを活かすことによって子どもや孫に残せる“お金”が殖えるわけです。

実はこの効果は、スムーズな事業承継を考えているオーナー経営者にとって、非常にありがたいものです。

なぜなら、経営を託して自社株を譲り渡す後継者以外の子どもにも、それに見合った額のお金を分け与えることができるからです。

相続財産には、自宅の土地・建物や現預金などの他に、当然ながら被相続人が保有していた自社株も含まれます。しかも、自社株の評価額は一般に数億円から十数億円に上るわけですから、どんなに節税策を講じたとしても、相続財産のかなりの割合を占めることになるでしょう。

場合によっては、自社株を相続した後継者の相続分が、全体の8〜9割に及ぶことも十分に考えられます。

そうなると、他の相続人が不満を抱く可能性があります。

自分の取り分を巡って、相続人同士が激しい争いを繰り広げるといった最悪の事態を招くかもしれません。

そうした事態を避けるためには、他の相続人にも自社株の評価に見合うような「他の財産」をあらかじめ用意しておくのが得策です。ほかの相続人が相続するための収益不動産を取得しておくことも、その有効な方法の1つです。

他の相続人に分け与える資産の準備を怠ると、相続分のバランスを取るために、「自分にも自社株の一部を渡せ」と、きょうだい同士で揉める可能性もあります。しかし、後継者に苦労をかけさせたくないのであれば、それは何としても避けたいところです。

複数の子どもが自社株を持つと、経営や会社の存続を巡って互いの主張をぶつけ合いがちで、経営が困難になるものです。

お子さんに事業を継がせるには、経営ノウハウやリーダーシップ、既存社員との関係性など、オーナー経営者が築き上げてきた定性的な“資産”をしっかり受け継ぐことも重要ですが、最終的には、少なくとも50%以上、できることなら3分の2以上の自社株を譲り渡すことが不可欠です。

後継者が経営権を維持し、スムーズな意思決定をできるようにするためには、株式を後継者1人にできる限り集中させたほうがよいのです。

後継者以外の相続人に分け与える収益不動産を取得しておくことは、そのための大切な準備となります。

他にもまだある不動産投資のメリット

以上、「安定収益源が確保できる」「節税に活用できる」という2つの側面から、不動産投資のメリットについて説明してきましたが、他にもさまざまなメリットがあります。代表的な3つのメリットについて解説します。

物件購入時に借入が可能

金融機関から資金を借り入れて投資ができるのは、不動産投資の大きなメリットです。

株式の場合、基本的に手持ち資金でしか投資はできません。FXや信用取引、先物取引のように、手持ち資金を証拠金として何倍もの額を取引できる金融商品もありますが、あくまで元手は自分のお金です。

そもそも、FXや信用取引、先物取引は、元手の何倍ものお金を動かすため、相場が変動すると、利益や損失も何倍にもなります。大きな損失を出さないように、相場に張り付いていなければならなくなるので、本業に集中できなくなってしまいます。

法人やオーナー経営者による不動産投資は、投資規模が数億円から数十億円になるので、ほとんどの場合は融資を受けて物件を購入します。

借入をすることで手持ち資金の何十倍もの物件を取得することが可能になり、投下した自己資金に対するレバレッジがかかって、収益性が劇的に高まるのです。

とはいえ、不動産価格は株や為替のように急変動することは無いので、リスクはそれほど大きくありません。

世の中にはさまざまな投資商品がありますが、投資のために金融機関がお金を貸してくれるのは、私が知る限り不動産投資以外にありません。これは、金融機関が不動産投資を単なる投資ではなく、安定的な収益が得られる“事業”とみなしているからだと思います。

物件という確かな担保が得られることも、多くの金融機関が不動産投資に資金を貸し付けている理由だと考えられます。

創意工夫で収益性を高められる

株式投資やFX、先物取引などは、投資家が自ら行動を起こしても、投資対象の価値を高めることはできません。

たとえば、自動車メーカーの株式を保有している人が、その会社のクルマを1台買ったからと言って、株価に影響することは無いでしょう。ブログやSNSでその企業がいかに素晴らしいかを積極的にアピールしても、よほど影響力のある人でない限り、株価は1銭も上がりません。

その点、不動産投資なら、自らの創意工夫によって保有物件の収益性を高めることができます。

わかりやすい例としては、物件の入居率を高めるために、人気のある設備を導入する、部屋をリフォームする、外壁塗装を施すといった工夫が考えられます。募集広告に工夫を凝らしたり、エントランスなどの外観を見栄えよくしたりするのも方法でしょう。

入居希望者に「住みたい」と思ってもらえるような努力をすれば、満室を実現して、物件の収益力を上げることができるのです。

創意工夫によっては、より高い賃料を設定し、物件そのものの価値を上げることも可能です。

たとえば、部屋にモニターフォンを設置すると、周辺の賃料相場よりも月1,000円ほど高い賃料を設定することも可能な場合があります。これだけで、1戸につき年間1万2,000円もの収入が増えるわけです。

仮にモニターフォンの投資金額が1戸あたり3万円とすると、設備投資の利回りは年40%（1万2,000円÷3万円）。つまり、2年余りで投資回収できることになります。

しかも賃料が増えれば、物件を売却する際にも、より高く売ることができます。物件売却表面利回りを10%と仮定すると、モニターフォンを設置したことによる売却金額の増加分は12万円（1万2,000円÷10%）にもなるのです。1戸だと金額が小さいように思えますが、10戸なら120万円、20戸なら240万円も売却金額が増加するのですから、決して小さくはありません。

設備の新設やリフォームは費用対効果を十分に考慮する必要がありますが、自分のアイデアで保有物件の価値を高められるのは、不動産投資ならではの大きなメリットだと言えます。

管理運営を外部業者に任せられる

これから不動産投資を始めようとする方の多くは、「どんな物件を購入すればいいのか？」ということばかりに関心を持ち、「購入後の管理運営」については、あまり深く考えない傾向が強いです。

どんなに利回りが高く、立地のよい物件を購入できたとしても、その後の管理運営をしっかり行わなければ、期待する投資成果を上げることはできません。管理の不備で空室が多く発生すれば、実際の利回りは低下しますし、掃除やメンテナンスがきちんと行われていないと、入居希望者が寄り付かなくなってしまいます。

だからこそ、物件購入後の管理運営はとても重要なのです。

幸い、不動産投資では、管理運営を外部に委託（アウトソース）することができます。信頼できるパートナー（委託業者）を味方につけて、保有物件の管理運営を一任すれば、あとは自動的に賃料収入が入ってくる仕組みを構築できるのです。

管理運営の具体的な方法については、第5章を参考にしてください。

保険、太陽光、リース……他の投資方法のメリット・デメリットは？

ここまで、不動産投資のさまざまなメリットについて見てきました。

なかでも、「安定収益源の確保」と「税負担の軽減」は、オーナー経営者や経営する会社、すでに会社を売却した元経営者の方々にとって、非常に大きなメリットであることをご理解いただけたのではないかと思います。

ところで、この2つのメリットが享受できる方法は、不動産投資以外にもいくつかあります。

なかでも、所得を圧縮して税負担を減らす方法としてよく利用されているのが、生命保険、太陽光発電、オペレーティングリースです。

この本を読んでおられる経営者や、元経営者の方々のところにも、金融機関や保険営業担当者、あるいは税理士から、上記のスキームに関するさまざまな話が舞い込んできているのではないでしょうか。

現に私自身も、オーナー経営者の1人なので、いろいろな伝手から提案を受けています。

「会社の利益を圧縮して、法人税の納税を繰り延べたい」とか、「自社株評価を下げたい」というのは、多くの経営者に共通する思いですが、それを解決できるというスキームの種類があまりにも多いと、「どれがいちばん効率的で、効果も高いのか？」と迷ってしまうのではないでしょうか。

結論から言うと、どのスキームにも一長一短はあります。ただ不動産投資ほど使い勝手がよく、十分な所得の圧縮効果が期待できる方法はありません。1つずつ見ていきましょう。

まずは生命保険です。

そもそも生命保険とは、被保険者が亡くなった時、遺された人や会社が困らないように、保険金が支払われる商品です。

つまり、本来は「万が一の備え」のための商品なのですが、支払った保険料を損金（費用）として計上できる仕組みを生かして、会社の収益を圧縮するための保険商品がいくつも誕生しました。

たとえば、年間利益100万円の企業が、全額損金タイプで年間保険料100万円の保険に入ったとすれば、それだけで所得をゼロにすることができます。結果、法人税を納める必要もなくなるというわけです。

ただし、全額損金処理できるとは言っても、その分の保険料を支払うわけですから、手元のキャッシュはどんどん出ていってしまいます。

そこで、加入から5〜6年目あたりに解約金の返戻率（払った保険料に対して受け取れる保険金の割合）のピークを設け、そのタイミングで中途解約すると、払い込んだ保険料の8割以上が戻ってくる全額損金タイプの保険も登場しました。

しかし、本来保障のための商品である保険を“節税の道具”に使うのはさすがに行き過ぎだということで、当局はこれまで何度も規制を講じてきました。

特に2019年7月の税制改正では、解約金の返戻率に応じて、損金割合（損金として処理できる保険料の割合）を大幅に制限する改正が行われています。具体的には、ピークの返戻率が70％超〜85％以下の保険商品の場合、損金算入できるのは払い込んだ保険料の40％まで、返戻率が50％超〜70％以下の商品は60％までと制限されてしまったのです（【図1-6】参照）。

さらに、返戻率が85％超の商品の場合、10年目までの損金割合は「100％－（ピークの返戻率×0.9）」と、かなり低く設定されています。仮に返戻率が86％だとすると、損金割合はたったの23.5％。これでは、さほど大きな節税効果は期待できません。

生命保険を節税に利用するというスキームは、もはや通用しなくなりつつあると言えそうです。

図1-6　生命保険のピーク返戻率と損金算入割合

ピークの返戻率	損金算入割合
50％以下	全額損金算入可能
50％超〜70％以下	支払保険料の40％を資産計上（保険料の60％を損金算入可能） 1名あたりの年間通算保険料30万円以下は全額損金可能
70％超〜85％以下	支払保険料の60％を資産計上（保険料の40％が損金算入可能）
85％超	保険期間によって異なる 1年目〜10年目：100％ －（ピークの返戻率×0.9） 11年目以降：100％ －（ピークの返戻率×0.7）

次に、太陽光発電です。

太陽光発電による節税のスキームは、ソーラーパネルなどの太陽光発電設備を導入し、その設備の減価償却費を計上することによって、年度ごとの納税負担を抑えるというものです。

しかも、東日本大震災が発生した翌年の2012年7月、当時の民主党政権が原発事故を受けて再生可能エネルギーの固定価格買取制度（略称FIT）をスタートさせたことで、自家消費で余った電気を電力事業者に買い取ってもらえるようになりました。
その結果、節税効果が期待できるだけでなく、一定の収益も得られるということで、企業による太陽光発電投資は一時期、大きなブームとなりました。
しかし、残念ながら太陽光発電投資による節税のメリットも薄れつつあります。民主党政権時代は、「再生可能エネルギーの活用」を積極的に推し進めていたので、導入した太陽光発電の費用を一度に減価償却（即時償却）できる国の特例措置などが講じられていました。
けれども、そうした特例措置はほとんど終了し、現在は太陽光発電設備の法定耐用年数である17年で償却しなければならなくなっています。その分、1年あたりの減価償却費も、かなり少額になってしまうのです。
また、2012年にスタートしたFITは、固定買取価格が年々下落し、当初は1kWhあたり40円（10kW以上）だったのが、2023年には10円にまで下がっています。つまり、節税効果が薄まっただけでなく、十分な収益も見込めなくなったわけです。
太陽光発電は、設備導入などの初期投資や、その後の運営にかなりのお金がかかるので、それらを考えても、はたして費用対効果が見合うのかどうかは疑わしいところです。
ちなみに、太陽光発電はこれまでFITを利用した全量売電型の事業が中心でしたが、現在は電気代削減や脱炭素化が期待できる自家消費型の太陽光発電が主流となっています。
中小企業が自家消費型の太陽光発電事業を行う場合は、国の制度を利用することで導入費用の即時償却や税額控除などの優遇が受けられることもあります。とはいえ、以前のような節税メリットはもう享受することができなくなったと言えると思います。

では、オペレーティングリースはどうでしょうか。
オペレーティングリースとは、航空機や船舶、コンテナなどを購入して、航空会社、船会社などに貸すリース取引の一種です。
通常のリース取引は、専業のリース会社が金融機関から借りた資金で航空機などの物件を購入した後、そのまま借り手（法人や個人）に貸与し、契約で定めたリース期間中に物件価値に金利を上乗せした月々のリース料を徴収するという仕組みです。

これに対しオペレーティングリースは、法人の投資家から出資を募り、金融機関から借り入れた資金と合わせてリース物件を購入します。

投資家には、出資額に応じて利益が分配されるだけでなく、購入した物件の減価償却費も出資口数に応じて分け与えられます。分け与えられた減価償却費を損益計算書に計上すれば、利益の繰り延べが可能となるわけです。

オペレーティングリースの歴史は1980年代に始まり、その市場規模は約3,000億円と、今ではすっかり人気の高い“節税スキーム”の1つとして定着しています。

リースする物件が新造の航空機（中型機）の場合、法定耐用年数に応じて8年かけて償却していくことになりますが、法定耐用年数を超過した中古機であれば、最短2年償却となり、出資初年度に出資額の70〜80%、2年度目に残り20〜30%を償却できます。

出資額が1億円なら、初年度が7,000万〜8,000万円、2年度目が2,000万〜3,000万円ですから、利益圧縮効果は非常に高いと言えます。

ただし、その効果を得るためには、数千万円から数億円の出資をしなければなりません。

オペレーティングリースへの投資については、銀行からの借り入れがほぼ不可能なので自己資金で賄うしかありませんが、それほどのお金を用意できるのかどうかということが、まず大きな関門です。

また、オペレーティングリースは中途解約ができないので、出資したお金はリース期間中、凍結されることになってしまいます。

航空機の場合、リース期間は通常8〜10年なので、2年度目で償却が終わったとしても、その後6〜8年間は多額の資金を寝かせたままにせざるを得なくなります。

万が一、会社に不測の事態が起こって現金が必要になったとしても、オペレーティングリースに投資したお金に頼ることはできなくなるわけですから、事業の見通しや将来のキャッシュ需要を踏まえて、投資すべきかどうか、よく検討する必要があります。

なお、先ほども述べたようにオペレーティングリースでは出資額に応じた利益が分配されますが、航空会社がリース料を支払えなくなると、損失が生じる可能性もあります。コロナ禍以降、世界中で数多くの航空会社が破綻しており、リース料の未払いが発生して損失を被ったケースもあると聞いています。

オペレーティングリースは大きな節税効果は期待できるものの、決して使い勝手のよいスキームとは言えません。

その点、収益不動産なら、金融機関から資金を借りて物件を取得できるので、多額の自己資金を投入する必要がありません。

投資した自己資金が長年にわたって凍結されてしまうことも無いので、その意味でも安心でしょう。

これらの点を考えると、不動産投資は、経営者や、その経営する会社にとって、最も使い勝手のよいスキームだと言えそうです。

不動産投資には リスクもある

不動産投資には、これまでに見てきたようなメリットがある半面、さまざまなリスクも潜んでいます。

代表的なリスクについて、詳しく見ていきましょう。

①空室リスク

収益不動産の取得後、入居者が確保できず、物件が空いたままになってしまうリスクです。賃料収入が途絶え、融資を受けて物件を取得した場合は、その返済に賃料収入が充てられなくなり、キャッシュフローがマイナスになってしまう恐れもあります。

不動産投資をする際は、満室想定賃料から空室リスクの部分を考慮して収入を見なければなりません。空室リスクへの対策は次の2つです。

⑴対象エリアのミクロマーケット（需給バランス）を精査する
⑵入居付けに強い管理会社をパートナーにする

⑴については、広域的な空室率ではなく、より狭小なエリアでの空室率を見なければなりません。たとえば、ある地方の某有名私立大学があるエリア近辺の空室率は平均50％ほどもあります。理由は、学生狙いの新築物件が相次いで建設されたこと、そして昨今の大学の都心回帰の流れで一部の学部が市街地に移転し、需給バランスが完全に崩れてしまったことです。

このように、ミクロマーケットの需要と供給のバランスを見て、努力しても空室率を下げられないと考えた場合、投資を見送るという判断をしなければなりません。

⑵については、同じエリア、同じタイプのような物件でも、空室率の高さにばらつきがあることに着目し、そのなかでも高い入居率を実現している管理会社を選ぶことが大切です。

賃貸管理の業界では、旧態依然とした入居者募集を行っている会社が少なくない半面、業務をデジタル化し、新たな入居者募集の手法を生み出すことで高い入居率を実現している会社もあります。管理会社選びの重要性が高まっているのです。

②賃料滞納リスク

不動産投資のリスクのなかで、空室の増加とともに問題になりやすいのが賃料の滞納です。

一般的には2〜3%ほどの入居者が滞納するといわれており、100戸の大規模マンションの場合、常に2〜3人の滞納者がいることになります。

賃料の滞納問題が厄介なのは、お金は回収していないのに、会計上は未収金として売り上げが立ち、利益が出てしまうことです。利益になるということは、その額に対して税が発生してしまいます。

賃料滞納リスクを回避する方法については、175ページから解説します。

③火災リスク、地震リスク

不動産投資は、建物の空間という商品を貸し出し、毎月の使用料（賃料）をもらうことで利益を得る投資（事業）です。

そのため、商品である建物自体が火災や自然災害などで損害を受ける可能性があるのは、大きなリスクと言えます。

建物が消失したり、崩壊したりした場合、修繕などの費用が必要となるだけでなく、借り入れがあった場合、返済不能になる危険性もあります。

対策方法は「保険に加入すること」、さらに言えば、「確実に保険金を受け取れる保険に入ること」に尽きます。

保険料の安さだけで保険を決める人もいますが、不動産投資・賃貸経営上のダメージを最小限に抑えるためには、なるべく補償範囲が広く、補償金額の大きな保険に入っておいたほうがよいでしょう。

最低でも火災保険と地震保険への加入は必須です。その他、水害・ひょう災・雪災補償等の特約については、物件の地域特性を勘案して選択することをお勧めします。

④金利上昇リスク

金融機関から借り入れを受けて収益不動産を取得する場合、物件の利回りだけでなく、借入金利も重要となります。借入金利が上昇すれば、当然ながら返済額は増え、収支が悪化します。

2022年にロシアがウクライナに侵攻したことで、世界的に物価が急上昇し、米国のFRB（連邦準備制度理事会）はインフレ抑制のため政策金利を上げ続けていますが、日本は異次元の金融緩和政策を続けており、2023年4月に就任した植田和男新総裁も、この政策を踏襲する見通しです。

そのため日本では今のところ、超低金利状態が続いています。今後、新発10年物国債利回りに連動する長期金利（固定金利）は上がる可能性がありますが、変動金利のベースとなっている政策金利はこの30年近く変わっていないため、大きな上昇は考えにくいと言えるでしょう。

ただし、中長期的に見れば、金利が上昇する局面が訪れないとは限りません。

金利上昇リスクに対し、不動産所有者が取れる対策は、「自己資金の割合を上げる」「固定金利を選択する」の2つです。

教科書的な対応と思われるかもしれませんが、金利自体をコントロールすることはできないので、この2つによって影響を最小限にとどめるしかありません。ただし、固定金利型のローンを選択すると、一括返済した場合にペナルティが発生するので、出口戦略が取りにくくなる可能性がある点には注意が必要です。

⑤事故リスク（死亡事故）

収益不動産を保有していると、入居者が亡くなるという場面に遭うこともあります。

入居者が亡くなるケースには、他殺、自殺、孤独死の3つがあります。他殺が報道された場合、その風評被害が建物全体に及び、入居者の一斉退去や賃料の大幅下落といった損害が発生する可能性があります。また、亡くなった方の部屋については、原状回復工事が必要となります。

自殺や孤独死の場合は、他殺ほどではありませんが、賃料下落と発見が遅れた際には多額の原状回復費用が発生します。費用には幅がありますが、単身者向けの場合で壁・天井・床のすべて（壁ボードを含む）をリフォームすると、最大で200万円近くかかります。

そして一番のネックは、入居者を再度募集する際、それまでの賃料水準では入居希望者が現れなくなってしまうことです。

入居者が死亡した「事故物件」については、国土交通省が2021年に「宅地建物取引業者による人の死の告知に関するガイドライン」を策定し、「人の死に関する事案が、取引の相手方等の判断に重要な影響を及ぼすと考えられる場合には、これを告げなければならない」と定めました。原則として老衰や持病による病死など、日常生活のなかで通常起こり得る死亡案件は告知する必要はありませんが、それ以外の死亡案件については、宅地建物取引士（以下、宅建士）が入居希望者に物件の説明をする際に告知しなければなりません。告知した場合、どうしても入居付けや相場水準での賃料設定は難しくなってしまいます。

事故を未然に防ぐ対策はありませんが、賃料の下落を小さくする方法はあります。入居者募集の際に広告料（入居成約時に仲介業者に支払う謝礼金のこと）を周辺相場以上に出すことで、高値で決まる場合もあるのです。

また、近年は高齢者の孤独死が多く発生していることから、一部の保険会社が収益不動産の所有者向けに死亡事故の損害を補償する特約を付けた火災保険を販売しています。原状回復工事費用、空室期間中の賃料、家賃下落分の賃料などについて補償が受けられます。

⑥損害賠償リスク

収益不動産を所有することで、他人から訴えられたり、賠償を求められたりするリスクもあります。例を挙げてみましょう。

ある不動産所有者は築20年を超えたRC造の物件を購入しました。その物件は長らく大規模修繕を行っておらず、ある時、外壁タイルが剥落してしまいました。幸い、けが人は出ませんでしたが、建物の傍らに駐車していた数台のクルマに落下して、窓ガラスが割れたり、ボディに傷がついたりしてしまいました。

この不動産所有者は施設賠償責任保険に加入していなかったので、自分のお金で100万円以上の賠償をせざるを得ませんでした。

仮に施設賠償責任保険に加入していれば、審査はありますが、全額保険金で賄えたはずです。施設賠償責任保険の保険料は少額なので、加入しないという選択肢は無いと思ってください。

⑦物件金額の下落リスク（キャピタルロス）

収益不動産の価格は、相場の変動が無い前提であっても原則的に築年数の経過とともに下がり続け、最終的には土地値に落ち着きます。

したがって、借入をして収益不動産を購入後、何らかの理由でその物件を売却しようとした場合、借入残高（残債）よりも低い値段しか付かず、売るに売れなくなってしまうこともあります。

残債抹消のために追加で資金を捻出できれば損を確定できますが、資金がなければ持ち続けるしか選択はありません。保有し続けることで、売却できるまで残債を少なくしていくことになります。ただし、保有期間中にキャッシュフローが回っていれば持ちこたえられますが、毎月持ち出しが発生するような物件を所有して資金が枯渇すれば、最悪の場合は金融機関に差し押さえられ、競売となってしまう可能性もあります。

こうしたリスクをコントロールするには、「購入時にキャピタルロスを抑えやすい物件を購入する」という、シンプルかつ当然の方法しかありません。

視点を変えれば、適切な物件を購入し管理運用すれば、不動産投資で利益を出すのはさほど難しいことではない、ということでもあるのです。

⑧流動性リスク

株やFX、暗号資産などの金融投資商品は、即日売却し、数日中に現金化することができますが、収益不動産を売却して現金を得るまでには一定の期間が必要となります。

売却に要する時間は、不動産の買取業者が買主の場合で約2週間、一般の買主の場合で3ヵ月以上かかります。急な資金が必要になった場合、株などのペーパーアセットよりも換金性が悪いと言えます。

収益不動産を売却し、現金化するにはさまざまな手続きを踏まなければなりません。また、売り出し価格が相場よりも高過ぎて1年以上売れなかったとか、契約したものの買主側のローン申請が通らずに契約解除となったといったように、売却までスムーズに運ばないケースも多くあります。

売却に時間がかかる理由の1つには、不動産会社の経験不足もあります。

収益不動産は、一般的な戸建て住宅や自宅用の分譲マンションとは異なり、不動産業界でもニッチな分野です。適正な売り出し価格の査定や、買主側の融資付けアレンジなどに不安を抱えている業者は少なくありません。

流動性の低さという収益不動産のデメリットを解決するには、収益不動産を適正価格で購入し、高い入居率で管理運営し、資産価値を高く保っておくことが大切です。

急に現金化したい事態が生じて、多少安く売却したとしても、十分に残債を抹消できる金額で売却できる可能性は高くなります。

第2章

不動産投資の基礎理論と「指標」の知識

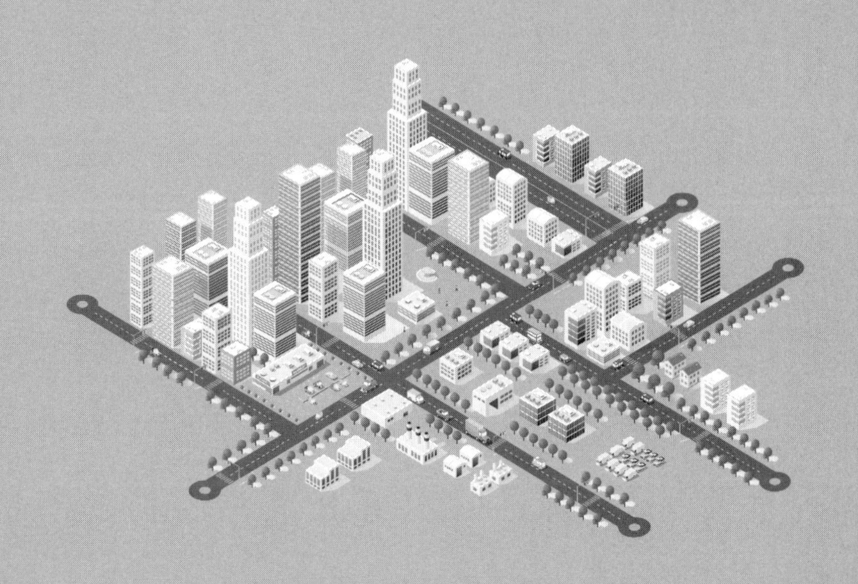

不動産投資が成功するか否かは初期設定で決まる

オーナー経営者や元経営者の方々なら、新しい事業を成功させられるかどうかは「最初が肝心」であるということを、よくご存じだと思います。

市場は、売り出そうとしているモノやサービスを本当に求めているのか？　より多く売るためには、どんな販路やプロモーション方法を採用すべきなのか？　値段はいくらに設定するのか？　その場合、いくらで仕入れれば十分な利益を確保できるのか？

あらゆる角度からそんな問いを重ね、事業の“初期設定”をしっかり行わないと、売れないモノやサービスを作ってしまい、値段を上げようにも上げられず、売れば売るほど赤字が膨らんでしまうといった悪循環に陥ってしまいかねません。

“最初のボタン”を掛け違えたばっかりに、延々と“ボタンの掛け違い”が続くことになるのです。

不動産投資もまったく同じです。

投資を始めるにあたって、最初の設定を間違えてしまうと、物件を手に入れたはいいけれど、「入居者がまったく確保できない」とか、「思ったような賃料設定・賃料維持ができず、収益性が悪化していく」「収益性が上がらないため物件を売却しようにも高く売れない」「建物や設備が古く、修繕費がやたらとかかる」といった悩みを抱え続けることになってしまいます。

つまり、不動産投資の成否は「初期設定で決まる」と言っても過言ではありません。

逆に言うと、“最初の一歩”さえ間違えなければ、不動産投資は8割がた成功したも同然です。

何事も最初が肝心。不動産投資も“事業”の1つなのですから、新規事業を始めるのと同じように、入念な収支計画づくりや、それを実現してくれる物件選び、収益を著しく損なわないようなファイナンス（金融機関からの借り入れ）の選定をする必要があります。

不動産投資の初期設定において大事なポイントはいくつかありますが、とくに重要なのは、①物件選び、②ファイナンス戦略、③物件の管理運営、の3つです。

この後に続く第3〜5章では、それぞれの具体的な成功ノウハウについて詳しく解説します。

その前に、この章では不動産投資を成功させるための基礎理論について、簡単に説明します。

いろいろな数字や数式が出てきますが、決して難しいものではありませんので、まずはここに書かれている基礎理論や「指標」を、しっかりとマスターしてください。

基礎理論がわかると、「こんな物件では、収益が上がらない」とか、「もっと融資期間が長い融資を受けなければ、月々の十分な手取りが得られない」といったリスク感応度が高まり、慎重さと冷静な判断力が身に付くはずです。

いわば、初期設定を間違えないための、確かな「不動産投資リテラシー」を手に入れることができるのです。

不動産投資で「絶対にやってはいけない」のは、販売業者に言われるがまま物件を購入し、その業者が紹介する金融機関の不動産投資ローンを何の疑いもなく借りることです。

不動産投資の基礎理論が身に付いていれば、業者が提示する利回りを本当にそのまま信じていいのか？　数字のトリックや罠が潜んでいないか？　といったことがピンと来るようになります。

業者に騙されないようにするためにも、しっかりと基礎理論をマスターしてください。

表面利回りだけでは物件の“本当の収益力”はわからない

不動産投資で物件を選ぶ際、一般的には、デベロッパーやマンションビルダー、販売会社などが提示する「表面利回り」をもとに物件の収益性を判断する方がほとんどだと思います。

しかし、それは非常に危険なやり方です。

私は、表面利回りの高さに惑わされ、あまりよく考えずに物件を選んだ結果、人生を狂わせてしまった方や、その予備軍の方を何人も見てきました。

なぜ、そうなってしまうのか？　また、それを避けるため、どのように物件の“本当の収益力”を見極めるのかについて説明します。

まず、改めて「表面利回り」とは、どういうものなのかについて確認しておきましょう。計算式は下の通りです。

表面利回り【%】＝年間満室想定賃料÷物件金額

不動産投資に関する本を読んだことのある人なら、上記の計算式はおなじみだと思います。投資用不動産のポータルサイトや物件資料で「表面利回り」、あるいは単純に「利回り」として提示されているのは、そのほとんどが上記の計算に基づいて出されている数字であり、その計算式は、不動産投資の入門書に“基本中の基本”として書かれているからです。

表面利回りも、物件の良し悪しを最初に判断する際に最初に確認すべき重要な指標の1つだとは言えます。

けれども、この数字は物件の正確な利回りを表すものではありません。

なぜなら、保有期間中に年間を通じて満室を維持できることはなく、空室や賃料滞納が発生するからです。

表面利回りに惑わされると、たとえば、実際は空室率が高く、十分なキャッシュフローが出ない物件を間違って購入してしまう恐れがあります。

では、表面利回りをうまく参考にしつつ、購入する物件の収益力をより正確に想定するにはどうすればいいのでしょうか。

お勧めしたいのは、空室や賃料滞納が発生するという前提で、年間の賃料収入を求めること。当社はこれを「実効総収入」と呼んでいます。

実効総収入＝年間満室想定賃料－空室・滞納損失

当社では、築年数、立地、間取りなどの物件特性により、空室・滞納損失は年間満室想定賃料の2～5％と想定しています。年間満室想定賃料が1,000万円なら、空室・滞納損失を差し引いた実効総収入は950万～980万円ということです。

さらに、物件を保有しているとさまざまな運営費用（ランニングコスト）が発生します。「管理会社に支払う管理手数料」「水道光熱費」「建物管理費用」「固都税（固定資産税・都市計画税）」「小修繕費用」「原状回復費用」などです。

たとえ実効総収入が高い物件であっても、運営費用が余計にかかる物件だと“手残り”は少なくなります。

そこで、実効総収入からすべての運営費用を差し引いて、より“手残り”に近い金額を算出します。

この金額を純営業収益（NOI：Net Operating Income）と言います。

純営業収益（NOI）＝実効総収入－運営費用

このNOIこそが、物件の収益力を表す指標です。

物件を現金で購入した場合、NOIは税引前キャッシュフロー（以下、税引前

CF）と同じ金額になります。税金を支払う前の手取りということです。

多くの方は融資を受けて物件を購入しますので、最終的な税引前CFは金融機関への元金と利息の返済金額を差し引いた金額となります。

> 税引前CF＝NOI－元利返済額

不動産投資を始めるには、最低限ここまでは収支計算をしましょう。

さらに、ここから所得税・住民税・法人税などを引いたものが、税引後キャッシュフロー（以下、税引後CF）となります（【図2-1】参照）。

図2-1　キャッシュフローの導き方

物件の“本当の収益力”はFCRが教えてくれる

以上の説明で、表面利回りだけでは、本当の収益力は判断できないということが、おわかりいただけたのではないかと思います。

では、物件の収益率を示す指標とは何でしょうか？

それは、NOIを物件金額に購入諸費用を加えた総投資金額で割ることによって求められる総収益率（FCR：Free and Clear Return）です。

総収益率（FCR）【%】＝NOI÷総投資金額（物件金額＋購入諸費用）

総収益率FCRを導き出すためのポイントは、NOIを物件金額だけで割るのではなく、購入時に投下したすべての金額で割ることです。

FCRは、大雑把に「ネット利回り」といわれることも多いので、ご存じの方もいらっしゃるかもしれません。厳密には、ネット利回りはNOIを物件金額で割った値と定義されることが多いので、FCRとは異なります。

これまで紹介してきた指標をもとに、簡単なモデルケースを取り上げ、物件の収益力を導き出してみましょう。

【図2-2】に示した物件A、Bは、いずれも物件金額が3億円、購入諸費用2,000万円、年間満室想定賃料が2,100万円で、表面利回りは7%と同じです。

物件Aは空室・滞納損失が10%、物件Bは5%です。これは入居付けのしやすい間取りの差が数値となって現れています。

また、物件Aにはエレベーター、受水槽、自動火災報知機など点検が必要な設備が多く付いており、運営費用は600万円。物件Bは点検設備が少なく、運営費用は400万円です。

まとめると、それぞれのNOIとFCRは次のようになります。

図2-2　空室・滞納損失、運営費用の違いによるFCRの差

共通条件	物件A	物件B
物件金額	3億円	
購入諸費用	2,000万円	
総投資金額	3億2,000万円	
年間満室想定賃料	2,100万円	
表面利回り	7.00%	

個別条件	物件A	物件B
空室・滞納損失	210万円	105万円
実効総収入(年間満室想定賃料－空室・滞納損失)	1,890万円	1,995万円
運営費用	600万円	400万円

投資指標	物件A	物件B
NOI(実効総収入－運営費用)	1,290万円	1,595万円
FCR(NOI÷総投資金額)	4.03%	4.98%

同じ表面利回りであっても空室・滞納損失、運営費用の違いにより
真の利回りである総収益率FCRは異なる

物件A

NOI＝実効総収入1,890万円－運営費用600万円＝1,290万円

FCR＝NOI 1,290万円÷総投資金額3億2,000万円＝4.03%

物件B

NOI＝実効総収入1,995万円－運営費用400万円＝1,595万円

FCR＝NOI 1,595万円÷総投資金額3億2,000万円＝4.98％

このように、表面利回りは同じでも、FCRで比較すると1％近くも利回りが違うことがわかります。

表面利回りは、単純な計算で割り出せるので、とても使いやすい指標ではあります。しかし、投資判断の際には、空室や賃料滞納による損失を考慮し、さらに運営費用がいくらかかるのかを確認しないと、正味の利回り（本当の収益力）は確認できないことがおわかりいただけたのではないでしょうか。

表面利回りの高さに惑わされ、後からキャッシュフローが回らなくなって苦しむ方も少なくありません。

ここまでに紹介した指標を使って、しっかりとした収支予想を立てたいものです。

解釈の間違いが多い「イールドギャップ」の本当の意味を知る

融資を受けて不動産投資をする場合、NOI、FCRとともに「イールドギャップ」が投資判断の重要な指標となります。

不動産投資に関する書籍などでは、「イールドギャップ」について、「物件の表面利回りと借入金利の差」を示す指標であると説明し、「どんなに表面利回りが高くても、借入金利が高ければその差を大きく取れないので、利益は残らない」などと解説しています。

たとえば、表面利回り7％の物件を購入し、金利2.0％の借入を行った場合、イールドギャップは5％ということです。

実は、このイールドギャップに対する解釈は完全な間違いです。

融資を受ける際に金融機関から提示される条件は、「融資金額」「金利」「融資期間」「返済方法」です。この4つの条件をもとに月々の元利返済額が確定するのです。

ところが、先ほどの解釈には「融資期間」の要素が入っていません。

これでは、本当のイールドギャップを求めることはできませんし、誤った指標をもとに投資判断をすると、思わぬ損失を被る可能性があります。

では、ここで質問です。

仮に間違った解釈によるイールドギャップの期待値が5%以上だったとします。その場合、以下のような物件は投資対象になり得るでしょうか。

物件金額	**1億円**
年間満室想定賃料	**700万円　表面利回り：7%**
借入金額	**9,000万円　（金利2.0%、融資期間20年）**
年間元利返済額	**546万円　（元利均等返済）**

先ほどの間違った解釈によると、イールドギャップは5%となります。ただし、実際にはこの条件でインカムゲインは出ません。どういうことか、簡単に計算してみましょう。

【計算条件】

空室・滞納損失	**年間満室想定賃料の5%**
運営費用	**年間満室想定賃料の20%**

実効総収入	**665万円　（700万円－700万円×5%）**
運営費用	**140万円　（700万円×20%）**
NOI	**525万円 （実効総収入665万円－運営費用140万円）**

税引前CF　　　　▲21万円
（NOI 525万円－元利返済額546万円）

結果として税引前CFはマイナスになってしまいました。間違ったイールドギャップでは、正しい投資判断ができないことがわかります。

では、意味のあるイールドギャップはどうすれば計算できるのでしょうか。その計算のために必要となるのが「ローン定数K（%）」という指標です。

ローン定数Kは金利と融資期間で決まる指標で、総借入金額に対しどの程度の割合で元利返済しているのかを示します。借り入れに対する負担率のようなイメージで捉えてください。

ローン定数Kは次の計算式で求めることができます。

ローン定数K【%】＝元利返済額÷総借入金額

そして、FCRとローン定数Kの差が「正しいイールドギャップ」となります。

イールドギャップYG【%】＝FCR－K

ローン定数Kの計算式を見ると「元利返済額」とあり、融資期間の要素が入っていることがわかります。同じ借入金利でも、融資期間が長ければ年間の元利返済額は小さくなるので、そうなればローン定数Kも小さくなります。ローン定数Kが小さくなればFCRとの差が大きくなるため、イールドギャップが大きく取れるようになります。するとキャッシュフローも大きくなるのです。

イールドギャップを理解するためには、「不動産投資は金融機関との共同事業である」という捉え方をするといいでしょう。

一般の事業であれば、共同事業者からは「出資」という形でお金を出してもらい、事業で得た利益は出資割合に応じて分配します。

一方、不動産投資では、「融資」という形で金融機関からお金を出してもらうので、利益配分には別のルールを当てはめなければなりません。その利益の分け方を決めるのがイールドギャップであるということです。

より詳しく述べると、収益不動産から発生する純営業収益NOIの分配方法において、借り入れから発生するNOI部分のうちローン定数K相当は金融機関への元利返済に充てられ、物件所有者は残りの部分であるイールドギャップYG相当のキャッシュフローを得る、ということになります。

概念の説明だけではわかりにくいと思いますので、具体例を示してみましょう。下の【図2-3】が分配のイメージです。

図2-3　イールドギャップのイメージ

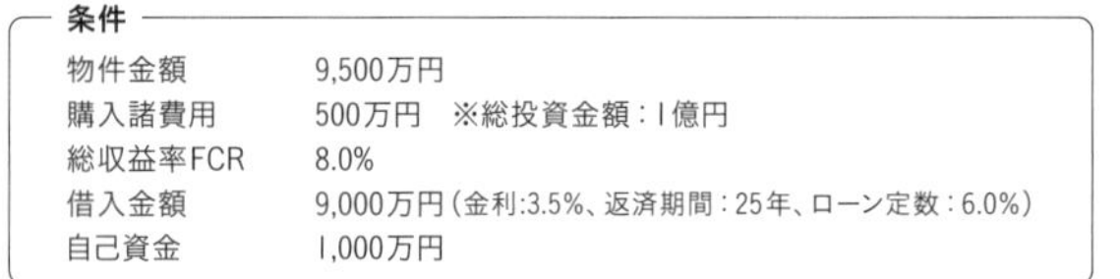

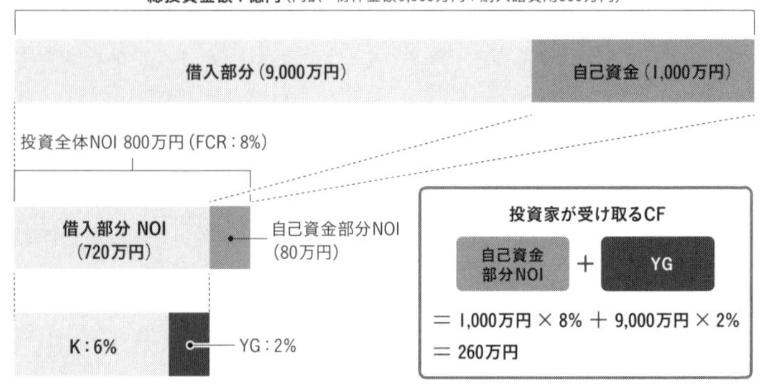

この図に示した不動産投資のキャッシュフローを分解すると、

税引前CF
＝自己資金×総収益率FCR＋総借入金額×イールドギャップYG

となっていることがわかります。物件所有者がキャッシュフローを高めるためには、①自己資本（自己資金）部分を増やす、②イールドギャップをより大きく取る、という二択になります。

①の場合、追加で出せる資金があれば可能です。しかし、資金効率を考えると、一定以上の自己資金を投下するのはよくありませんので、無制限に自己資金を投下するのはお勧めしません（自己資金30％程度までが現実的です）。

②について具体的に言えば、借入金利を低くするか融資期間を長くすることで、ローン定数Kを低くすることができます。

融資期間を長くする場合、元金債務が減りにくくなるので、出口戦略をどうするのかをしっかりシミュレーションすることが必要です。

以上が正しいイールドギャップについての説明ですが、これが理解できると、借入による不動産投資でキャッシュフローを最大化させ、投資パフォーマンスを高める方法を賢く選択できるようになります。

フルローンなら イールドギャップは新築で 1.0～1.5％以上を目安に

では、イールドギャップは最低何パーセントぐらいを目標とすべきなのでしょうか。低過ぎると収入に対して支出の余裕がなくなり、空室が増えたり不測の修繕などが発生すればキャッシュフローがマイナスとなる可能性が高くなるので、適正値の目安は押さえておきたいところです。

まず前提として押さえておきたいのは、イールドギャップは投資の初期段階の判断で用いる指標であるということです。

ここまで紹介してきた投資指標は、いずれも「その時点での値」であり、時間の経過とともに変化します。FCRは時間経過に伴う賃料下落や空室率の増減によって変動しますし、ローン定数Kは、金利が上下したり、元金返済が進むと変化します。

不動産投資をする方の多くは、元利均等返済、つまり金利変動がなければ融資期間中の元利返済額は一定となる条件で借り入れをします。そして、借入残高は毎年減っていきます。

そのため、ローン定数Kは購入初期がいちばん低く、借入金の返済が進むにつれて毎年上昇していきます。だからこそ、投資の初期段階において投資判断に用いる必要があるのです。

この前提を踏まえたうえで、よくある投資条件での判断基準を考えてみましょう。

多くの方は、フルローン（物件金額全額の融資）、あるいはそれに近い借入割合での投資を希望しがちです。当社では、リスクを抑える観点から一定以上（たとえば10〜30％）の自己資金の投下を推奨しています。また、昨今は金融機関の融資姿勢が厳格化しており、以前のようにフルローンで融資を受けることが難しくなっています。とはいえ、多くの方は、自己資金を可能な限り抑えて不動産投資をしたいと考えるはずです。

では、フルローンで物件を購入する場合、どの程度のイールドギャップを目標にすればいいのでしょうか。

キャッシュフロー目的で、首都圏や関西圏などの都市部周辺の現在の不動産市況および融資情勢から鑑みれば、新築物件・中古RC造物件で1.0〜1.5%、その他の中古物件で1.5〜2％は確保したいところです。

では、この水準を満たさなければ投資対象にはなり得ないのかと言えば、そうでもありません。自己資金を多めに入れて、自己資金×FCRからのキャッシュフローを多く取るという方法もあります。

あるいは、物件を保有中のキャッシュフローは少なくなりますが、後述する潜在キャッシュフローである元金返済は進みますので、保有中のキャッシュフロー目的ではなく、売却時キャッシュフローを得るということであれば、イールドギャップが基準を多少下回ってもよいケースもあります。その場合は、空室や滞納損失、修繕費用などの支出に備えて、手元に一定のキャッシュを保持しておくことをお勧めします。

最終的には物件ごとに個別の判断が必要ですが、イールドギャップの適正値は、あくまでも判断材料の1つとして参考にしてください。

また、不動産投資にはキャッシュフローを目的としないケースもあります。前述した相続対策や、自社株評価対策で収益不動産を保有するケース、資産保全として収益不動産を保有するケースなどです。

そうした目的で不動産投資をする場合、東京の都心部などの好立地で低利回りの物件が選ばれることもよくあります。

その場合、本章で述べてきたイールドギャップの基準は間違いなく満たしませんが、そういった場合は手持ち現金を厚くしたり、購入時の自己資金投下率を高くすることで投資としては成り立ちます。

保有期間＋売却時キャッシュフローの最大化が大事

不動産投資で収益を上げるためには、キャッシュフローの重要性を理解するだけでは不十分です。

最終的な手残りは、法人税や所得税・住民税を支払った後の税引後CFですので、これをいかに最大化させるかを考えなければなりません。

税引後CFを最大化させるために重要なのが「タックスマネジメント」です。税の仕組みを理解したうえで、減価償却を活用して税を圧縮し、税引後CFを最大化させるのです。減価償却については25ページで解説しています。

ここまでは保有期間中のキャッシュフローについての説明でしたが、同時に売却時のキャッシュフローについても考慮しなければなりません。

多くの方は保有期間中のキャッシュフローだけで投資判断をする傾向があ

りますが、物件購入時には売却まで考える必要があることはすでに説明しました。物件の売却で大きなマイナスが出れば、保有期間中に累積してきたキャッシュフローがすべてなくなってしまうケースもあります。

売却金額が借入金残高より大幅に低く、保有期間中の累積キャッシュフローと保有現預金を投下しても、借入金残高を一括で返済できないと、売るに売れない状態となります。保有中のキャッシュフローが回っていれば持ち続けるという選択ができますが、マイナスキャッシュフローの場合は持っても現金が出ていき、売却しても現金が出ていく状態となります。

繰り返すように、不動産投資と賃貸経営は同義です。売上である賃料収入の規模ではなく、売却後の最終的なキャッシュフロー（手残り）の最大化を考えた物件の取得と管理運営をしなければなりません。

不動産投資の最終CF（手残り）
＝保有期間中の累積税引後CF＋売却時の税引後CF

「保有期間中」と「売却」という2つのフェーズにおいて税引後CFを最大化することが、不動産投資・賃貸経営の目的です。

潜在キャッシュフローで含み益と純資産を増やす

ところで、保有期間中の税引後CFを正確に把握するには、「表に出ていないキャッシュフロー」も考慮に入れる必要があります。

一般に不動産投資は融資を受けて行いますが、借入金返済の内訳は前述の通り元金返済と支払利息に分けられます。100万円を元利返済している場合、そのうち元金返済が40万円、支払利息が60万円といった具合です。

元金返済が進むということは、借入金額の総額が減ることを意味します。これは視点を変えれば、元利返済のうち元金返済分は貯蓄していることに似ています。

物件の市場価格が変わらないという仮定で会計的に見れば、貸借対照表（バランスシート）上、負債である長期借入金が毎月減ることで自己資本が相対的に増える、つまり純資産が増える、という見方ができます。

したがって、保有している時の「本当のキャッシュフロー」は次のようになります。

保有期間中のCF≒①税引後CF＋②元金返済分

私は、②の元金返済分を「潜在キャッシュフロー」（以下、潜在CF）と呼んでいます。保有期間中は表に出てきませんが、物件を売却することで顕在化するためです。

簡単なモデルを使って説明しましょう（【図2-4】参照）。

図2-4　潜在キャッシュフローモデル

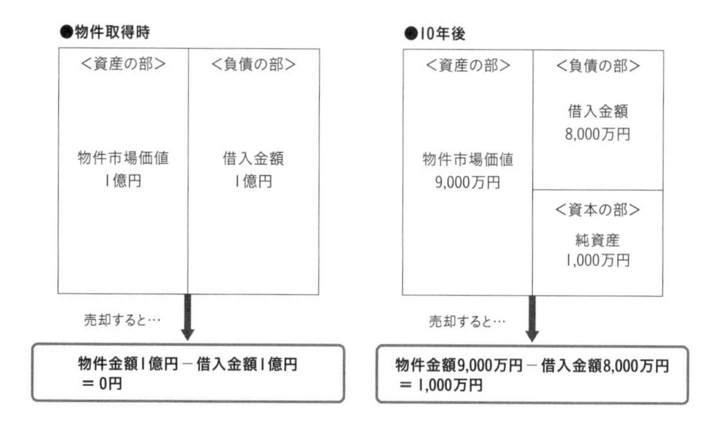

ここでの不動産価格は、貸借対照表の簿価ではなく市場で売却できる価格

です。長期借入金の元金返済額2,000万円のうち、1,000万円が手元に残る現金として表面化したのがわかります。

10年後の貸借対照表上における収益不動産の建物簿価は、毎年の減価償却処理により金額が下がります。ここで言う不動産価格はあくまで市場を通して実際に売却可能な価格です。もし、この状態で売却すれば「9,000万円－8,000万円＝1,000万円」が手元に残るはずです。実際の売買時には仲介手数料などの譲渡費用や譲渡所得に対する税金がかかりますが、ここでは、理解しやすいように単純なモデルにしました。

お気づきでしょうが、潜在CFである元金返済金額は全額手元に戻ってきません。物件の市場価格にも影響されるため、その時々でいくらで売却できるのかによって結果が異なってきます。

いくら元金の返済が進んでも、返済スピード以上の速さで物件市場価格が下落すれば、潜在CFはいつまでも得られません。前述の①税引後CFと②元金返済分の累積総和が物件金額より高い状態でなければ、保有期間中にキャッシュフローが出たとしても、売却時にそのキャッシュフローがかき消されてしまい、投資が終了した際に最終的な利益が手元に残らないのです。

また、この潜在CFがあることで、融資を活用した不動産投資の場合、長期保有することで潜在CFが積み上がるため、多くの方が驚くことですが、売却時の物件金額が購入時より低くても売却利益と売却キャッシュフローを得ることができます。

一般的な投資の場合は、購入金額より低い金額で売却すると損をしますが、不動産投資の場合は毎月の賃料から返済することで潜在CFが得られ、それが積み上がるので、購入時より低い金額で売却しても利益を得ることができるのです。

潜在CFを売却時にしっかり受け取るためには、物件の市場価格の下落スピードよりも元金返済スピードが早い物件を取得するほうがよいことになります。都心部の好立地物件、築古の土地値に近い物件などが代表例です。

ただし、そうした物件は利回りが低い傾向があるので保有中のキャッシュフローは小さくなりがちです。結局は保有中と売却時のトータルで判断し、物件を選定していくのがよいでしょう。

潜在CFについて、別の角度でもう1つ具体例を紹介しましょう。融資期間の違いによって、保有期間中の税引後CFと売却時税引後CFの総和に違いが出るのかの検証です。

図2-5　サンプル物件の物件概要

物件概要	
構造・築年数	鉄骨造・築25年
物件金額	1億円
購入諸費用	500万円
総投資金額	1億500万円
年間満室想定賃料	900万円
表面利回り	9%
空室・滞納損失	45万円
運営費用	195万円
NOI	660万円
FCR	6.28%

資金計画	
自己資金	1,000万円
借入金額	9,500万円
条件	金利:2.0%、元利均等返済

運営計画	
保有期間	10年間
売却金額	8,200万円（売却表面利回り10.97%）
譲渡費用	250万円
適用税率	30%

【図2-5】の共通条件をベースに、融資期間が「20年間」と「30年間」の2パターンで収支シミュレーションをします。途中の計算は割愛しますが、それぞれの保有期間中の税引後CFは【図2-6】の通りです。

図2-6　保有期間中のキャッシュフロー

● 20年返済の場合

	1年目	2年目	3年目		10年目
税引後CF	49.2万円	46.8万円	44.4万円	……	26.1万円
累積CF	49.2万円	96.1万円	140.5万円	……	380.1万円

● 30年返済の場合

	1年目	2年目	3年目		10年目
税引後CF	205.0万円	203.5万円	202.1万円	……	191.2万円
累積CF	205.0万円	408.5万円	610.7万円	……	1,982.9万円

※端数処理しています

このように、30年間返済のほうが保有中のキャッシュフローを圧倒的に多く生み出すことがわかります。

では、この物件を売却した際の売却時税引後CFについても比較してみましょう。

売却時の税引後CF

20年間返済の場合　2,416.9万円

30年間返済の場合　698.9万円

20年間返済の条件のほうが、税引後の手残りが多いことがわかります。これは、毎月元金返済が進むことで、売却金額のうち金融機関に一括返済する金額が少なくなるためです。

そして、この投資の最終的な成果（保有期間中の累積税引後CF＋売却時税引後CF）は次の通りです。

最終的なキャッシュフロー合計金額
20年間返済の場合　2,797.1万円
30年間返済の場合　2,681.8万円

30年間返済の場合、利息を多く払うため金額は少なくなりますが、結果的に大差はありません。反対の見方をすれば、融資期間が短いために保有期間中のキャッシュフローが少なくても、潜在CFである元金返済が進むため、最終的な手残りには大差が無いということです。

ただし、最終的な手残りが同程度とはいえ、融資期間が短くキャッシュフローが少ないと不測の事態があった時に資金繰りに苦しみ、対応できなくなる危険性があります。さらに言えば、投資効率の観点からも融資期間は原則長くしたほうがよいでしょう。現在受け取る100万円と、10年後に受け取る100万円は同じ価値ではないという、お金の現在価値の考え方があるからです。

こうした視点も加味した最終的な投資パフォーマンスを、内部収益率と言います。

投資の最終的な利回りは内部収益率IRRで示される

では、改めて考えてみましょう。先の2つの投資は、同等の投資パフォーマンスと言えるでしょうか。

不動産投資を「お金の出入り」で見てみましょう。まず購入初年度は、物件購入にかかる自己資金分や購入諸費用でお金が大きく出ていきます。購入後は毎月キャッシュフローを得て、最後は売却でまとまったお金を手に入れることができます。

ここで注意したいのは、先ほど少し触れた「お金の現在価値」の考え方、つまり、今の100万円と10年後の100万円ではどちらの価値が高いのかということです。

結論から言えば、現在の100万円のほうが価値は高くなります。なぜなら、今100万円があれば、新しい物件の購入資金に充てたり、他の事業のために投資を実行したり、資産運用することで、さらに現金を殖やすことができるからです。

企業経営をされているオーナー経営者であれば、今手に入る現金に価値があることをご理解いただきやすいと思います。いくら売上が立っても入金まで時間がかかる時には、資金繰りのために借入をする必要が出てきますので、先に入金があることは無駄な借入利息を支払わなくて済む、つまり価値があるということです。

お金の現在価値の考え方を理解すれば、最終的に受け取るキャッシュフローの総額は同じでも、なるべく早くお金を手にしたほうが得であり、結果的にその投資のパフォーマンスはよくなることがわかります。

そして、この現在価値を加味して投資パフォーマンス・利回りを測る指標が、「内部収益率（IRR）」です。

厳密な定義としては、「正味現在価値がゼロになる時の割引率」ですが、定期預金をイメージするとよいでしょう。たとえば、「IRRが5％」であれば、金利5％の定期預金に預けているのと同じ運用ができているということを意味します。

内部収益率を用いて、前述の融資期間が異なる2つの投資を評価すると次のようになります（途中の計算は割愛）。

借入期間20年の場合（税引後で計算）

内部収益率IRR＝12.08％　（CF総額は2,797.1万円）

借入期間30年の場合（税引後で計算）

内部収益率IRR＝18.81％　（CF総額は2,681.8万円）

キャッシュフロー総額は借入期間によってあまり変わらなくても、投資の最終的な利回りを示すIRRで比較すると、融資期間30年のほうが投資効率は6%以上改善することがわかりました。これは、融資期間30年であればお金の現在価値が高く、早いタイミングでお金（キャッシュフロー）を得られるためです。融資期間20年の場合は、まとまったお金を得られるのが10年後であり、お金の現在価値としては低くなってしまいます。このことからも、融資期間は可能な限り長く取るようにし、キャッシュフローを手前に持ってくるほうがよいと言えます。

IRRの意味としては、自分の元手（自己資金）を投資期間中にIRR%で運用できた、という考え方になります。先の例で言えば、自己資金1,000万円を税引後でそれぞれ12.08%、18.81%で運用できたということになります。

以上、さまざまな投資指標を見てきましたが、不動産投資を行うには数字を根拠にした投資判断が大切です。

検討の際には不動産会社や建設会社が持ってくるシミュレーションをただ信じるのではなく、これまで解説してきた指標に基づいて自ら検討し、判断してください。100%想定通りに運用し、売却までできるとは言い切れませんが、しっかり自分で数字を計算すれば、少なくとも初期設定の段階で大きく失敗することを回避できます。

杓子定規に売却だけで出口戦略を考えない

不動産投資では、売却してはじめて最終的な利益が確定します。「出口（売却）」を考慮して物件を購入することは、成功のためには必須です。

私が考える出口戦略とは、いつでも売却できるような物件を購入したうえで、保有中のキャッシュフローを得つつ、不動産市況の上昇局面や金融機関の融資条件の軟化があった際に、利益確定の売却を行うというものです。

いつでも売却できる物件とは、わかりやすく言うと、「次の買い手が付く物件」「次の買い手が新たに融資を受けられる物件」を指します。

物件の売却時期の目安としては、減価償却が終わったタイミング、デッドクロス（【図2-7】参照）、次の買い手が十分な融資期間を取れる建物築年数の時などです。

デッドクロスについて、少し詳しく説明しておきましょう。デッドクロスが起きると、最悪の場合、黒字倒産という事態になりかねない危険な状態となるからです。ここでいう黒字倒産とは、税務会計上で不動産からの所得（利益）は出ているものの現金収支はマイナスになって現金が枯渇してしまうことをいいます。

具体的には、デッドクロスとは、物件の減価償却費よりも元金返済金額が上回ることをいいます。

デッドクロスの状態：元金返済金額＞減価償却費

この状態になると、それ以降は税金計算上の不動産所得が大きくなっていく、つまり納税金額が毎年大きくなっていき、資金繰りが厳しくなります。別の言い方をすると、税引前CFに対して納税金額が大きくなっていき、税引後CFが大きく減っていくということです。最悪は税引前CFより納税金額が大きくなり税引後CFがマイナスに転じます。

以上がデッドクロスの説明です。

話を本項のテーマである出口戦略に戻します。たとえば新築一棟木造アパート投資の場合、売却出口の時期は築10～15年の間となります。この築年数であれば、一定期間保有することでキャッシュフローを得たうえで、次に購入する方がキャッシュフローの出る融資期間で融資が受けられることと、築15年前後で建物付属設備の減価償却が終わって、そのまま持ち続けると税

図2-7　デッドクロスのイメージ

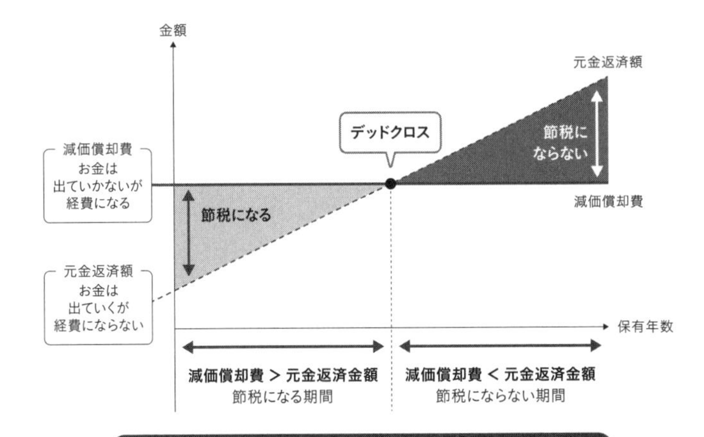

デッドクロスを迎えると、税務上の不動産所得が多くなり、納税金額が増え、キャッシュフローが回りにくくなります。

金負担が増えてしまうことが理由です。

以上は原則的な出口戦略の判断基準ですが、他に市況という判断基準もあります。購入時より不動産の相場が上がって譲渡益が得られるタイミングで売却する、という考え方です。このように、出口まで考慮したシミュレーションを物件の購入前に行うことが大切です。

ただ、計画的に「出口戦略を取らない」のも1つの出口戦略です。つまり、「売却」という出口ではなく「持ち続ける」という出口（方向性）を見据えるのです。

そもそも、不動産投資において昨今、出口戦略の必要性が盛んに説かれるようになった背景には何があるのでしょうか。

一昔前は融資の関係で、土地所有者が土地活用でアパートを建てたり、不動産会社が賃貸業を営む目的で保有したりと、不動産投資は限られたプレイヤーのみの世界でした。

しかし、一般ビジネスパーソンや不動産会社ではない会社の経営者個人など不動産投資家の裾野が大きく広がり、状況は変わりました。米国からもたらされた不動産証券化によってREITが誕生・上場し、ファンドが物件を買うようになった結果、プロのファンドが不動産投資する際に活用する投資指標や手法が、一般投資家に知れ渡るようになったのです。

そこで着目されるようになったのが出口戦略です。ファンドは一定期間保有したのちに売却し、投資家に利益を分配しなければなりません。物件にもよりますが、5〜7年程度で売却するケースが多い傾向があります。最終的な投資効率を表す内部収益率IRRをベースに見た場合、その程度の期間保有すると効率がよいからです。

まさに本章で述べた投資の考え方で、最終利益まで見据えて初めて投資の成否がわかる、という考え方が一般投資家にも定着してきたのです。

とはいえ、一般の方にとっては、決められた時期に必ず売却しなければならないという縛りはなく、ファンドの真似をして売却ありきで物件を取得するという考え方をする必要もありません。にもかかわらず売却による利益確定にこだわりすぎ、物件の選択肢を狭めている方も少なくないように感じます。

売却の目安の1つは、減価償却が終わったタイミングであると前述しました。しかし、減価償却後も持ち続けたほうがよい物件もあります。立地がよく資産性が高く、築年数がかなり経っていても一定の金額で売却できる物件や、減価償却が終わった後でも物件単体で税引後CFを出せる高利回り物件などです。減価償却という判断基準を杓子定規に考えすぎてはいけません。

その場合は、新たに減価償却の取れる物件を買い増し、保有物件トータルで税引後CFを最大化させればよいのです。私自身、築40年を超える高利回りの鉄骨造の物件を保有していますが、減価償却終了後に売却という出口戦略は取っていません。買い増しした他の物件と組み合わせて運用し、税引後CFを最大化させる戦略を取っています。

あるいは、保有期間中のキャッシュフローは薄くなりますが、物件を持ち続けることで毎月借入金額元金の返済が進むため、市場での売却可能価格より借入残金額が下回る時点以降はいつ売却しても現金化でき、キャピタルゲインのキャッシュフローを得ることもできます。

出口戦略は売却することのみではなく持ち続けることも選択肢に入れ、指標は基準はベースの知識として押さえておきつつ、最終的な利益を最大化させるよう柔軟に戦略を考えることが重要なのです。

第3章

最適な投資ポートフォリオ構築のためのエリアと物件の選び方

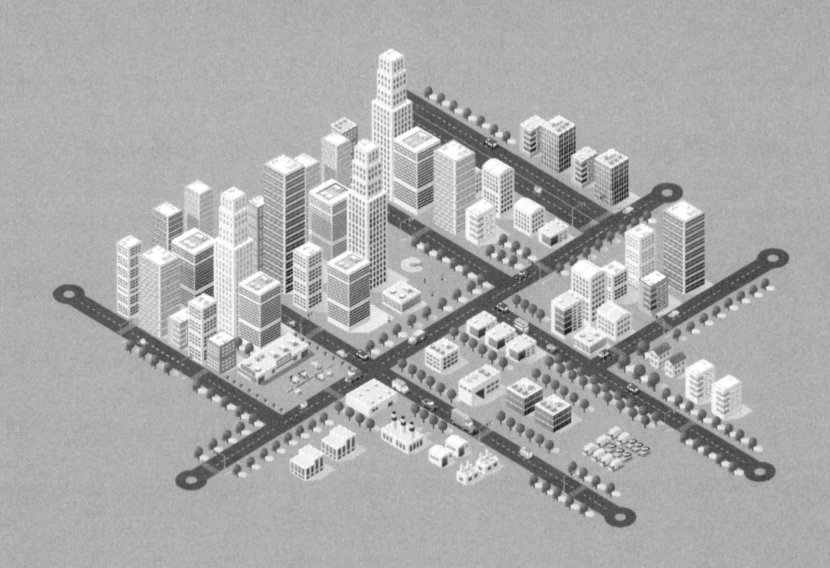

お勧めは5大都市圏 十分な需要と安定収益が見込めるエリアを選定する

前章では、不動産投資を成功させるための基礎理論と、重要な「指標」について解説しました。

それを踏まえて、この章からは、いよいよ実践編に入ります。

改めて言うまでもなく、不動産投資は"物件ありき"です。賃貸需要が見込め、高い賃料を設定しても安定的に入居者が確保できる物件を取得できるかどうかが、非常に重要なポイントです。

そんな物件を手に入れるため、まずは、どんなエリア（立地）を選ぶべきかについて考えてみましょう。

まず、全国にある47都道府県のうち、どの地域の物件を取得したらよいのでしょうか。

やはり、第一候補として検討したいのは東京都です。

日本の首都である東京都は、ヒト・モノ・カネが集まりやすいという圧倒的な強さを持っています。人口は約1,400万人と群を抜き、これに神奈川県、千葉県、埼玉県を加えた首都圏の人口は約3,600万人。日本人の約25％が住んでいます。

首都圏でも縁辺部など一部のエリアでは人口が減っていくと言われていますが、主だった場所は少子高齢化であっても人口転入超過により、底堅い賃貸ニーズがこれからも期待できます。

人口の大きさは経済規模に比例します。都内総生産は115兆7,000億円と、国内名目GDPの約20％を占めるほどの規模（令和元年度）。一都三県まで広げると、国内名目GDPの30％を超えます。

東京には、電車やバスといった公共交通路線も網の目のように張り巡らされています。

JRや私鉄を使えば、東京や上野、品川、渋谷、新宿、池袋といった主要ターミナル駅から30分〜1時間もあれば他県への移動ができます。

近年は上野東京ライン開通、相鉄線とJR東日本、東急東横線の相互乗り入れが始まるなど、利便性が年々向上。新型コロナウイルスの影響でテレワークが増えたことで、都心から神奈川の茅ヶ崎や藤沢、埼玉の大宮などに引っ越す人も増え、郊外の賃貸需要も堅調です。

首都圏には、東京大学や慶應義塾大学、早稲田大学など、全国的に知名度の高い大学がいくつもあるのもご存じの通りです。

かつては都内の大学が八王子や多摩などの郊外にキャンパスを移転する動きもありましたが、近年は都心回帰がトレンドとなっており、拓殖大学や実践女子大学、杏林大学などが、都心にキャンパスを戻しています。それとともに、都心での学生による賃貸需要も拡大傾向にあります。

また、日本橋や渋谷、新宿、品川〜高輪ゲートウェイなど、都心の主要エリアでは再開発が進められており、他にもさまざまな大規模プロジェクトが進行中です。魅力的な商業施設や娯楽施設が続々とオープンすれば、その周辺に住みたいという人も、自ずと増えることは間違いありません。

さらに東京が強いのは、その経済規模の大きさから、周辺の神奈川、千葉、埼玉の賃貸需要にも大きな影響を与えていることです。

それぞれのエリアも産業が発展していることに加え、都心のベッドタウンとしても機能しているので、首都圏全体としての圧倒的な人口や経済規模は揺るぎようがありません。これが、安定的な賃貸需要の礎となっています。

このように東京を含む首都圏エリアは、「人口」「経済」「不動産市況」のそれぞれで、高いポテンシャルを持っています。

東京都の推計によると、全国的な人口減少のなかでも、都の人口は2030年まで増え続ける見通しです。その後、都の人口は減少に転じるものの、減少ペースは全国よりも緩やかで、2065年でも1,200万人以上の人口を保つ見通しです。その結果、総人口に占める東京都の人口の割合は、2020年の約11%

から、2065年には約14%に上昇するとみられています(【図3-1】参照)。

図3-1　東京都の総人口の推計

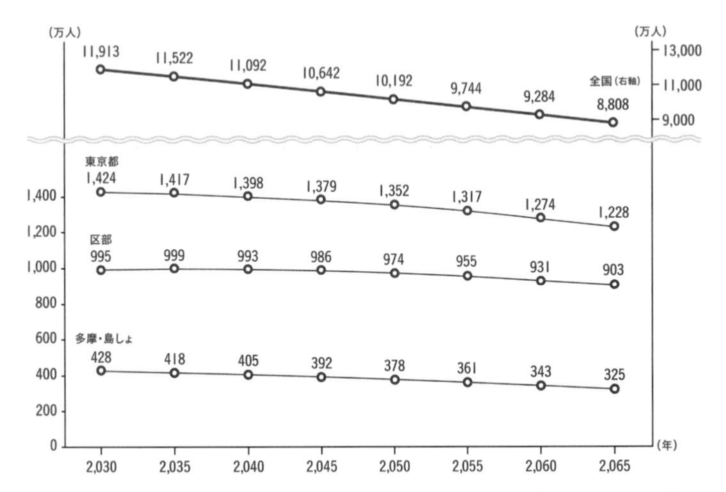

(資料)「『未来の東京』戦略附属資料」(東京都政策企画局)、「国勢調査」(総務省)、「日本の将来推計人口(平成29年推計)」(国立社会保障・人口問題研究所)等より作成
(備考)2025年以降の東京都の人口は東京都政策企画局による推計

このように、東京や首都圏は、国内で最も安定的な賃貸需要が期待できる"トップ・オブ・トップ"のエリアだと言えます。

もちろん、首都圏であれば、どこでもよいというわけではありません。都内から1時間〜最大でも2時間以内の物件を選ぶのが望ましいと言えます。

道路で示すなら、神奈川県横浜市西区を起・終点とし、首都圏を環状に結ぶ「国道16号線」の内側です。西は八王子市、北はさいたま市、東は千葉市までが範囲に含まれます。この範囲内であれば都内のビジネス街やその他主要エリアにも通うことができます。

また、近年は東京都心部で15㎡前後の単身者向け狭小物件の乱開発が進み供給過剰に陥り、空室が急増している傾向もあるため、東京であれば何でもよいという勘違いは危険であることも付け加えておきます。

では、それ以外のエリアの可能性はどうでしょうか。
地方物件への投資を考えた場合は、一定の都市規模を有するエリアでの投資にするべきです。最低でも50万人以上、できれば数百万人の人口を有する大阪、名古屋などの政令指定都市と、その周辺都市が望ましいと言えます。つまり関西圏、中京圏、福岡市、札幌市とその周辺の都市圏などです。
首都圏と合わせて「5大都市圏」と呼ばれるこれらのエリアなら、不動産投資による安定収益の確保は長期にわたって「持続可能」だと思います。

たとえば、当社の創業の地である大阪を中心とする関西圏も、収益不動産を取得するのにお勧めのエリアだと考えています。
その理由の1つは人口規模の大きさです。関西圏(大阪府、京都府、兵庫県、奈良県、和歌山県)の人口は、首都圏の約3,600万人に次ぐ約2,000万人の規模。国内で人口100万人以上の都市は、東京都区部をはじめ、横浜市、大阪市、名古屋市、札幌市、福岡市、川崎市、神戸市、京都市、さいたま市、広島市、仙台市と12都市ありますが、そのうち3つが関西の都市です。
関西は経済規模でも首都圏に次ぐ国内2位(国内GDP比で約20%)の巨大都市圏です。これはオランダやトルコに匹敵する経済規模となっています。
長期的には人口減少が予測されるとはいえ、関西圏は首都圏と同じように人口の“一極集中化”が進んでいるので、全国に比べると人口減少は緩やかに進行すると考えられます。
また、関西には京都大学、大阪大学、神戸大学をはじめ医学部を持つ大学が多く、医療産業の集積地として国際的にも認知されています。
しかも、豊富な観光資源を持ち、大阪、京都、神戸などの主要な観光地が鉄道で30分程度と近いことから、コロナ前には訪日外国人数の伸び率が東京を抑え全国1位になったこともありました。
そのため、大阪市や京都市を中心に、ホテルの建築ラッシュとそれに伴うホテル用地や商業地全体の地価高騰が続いています。コロナ禍によるインバウンド需要の消滅によって、関西圏でのホテル建設は一時減少しましたが、再び盛り上がりを見せてきました。

2025年には大阪万博の開催が決まり、大阪市湾岸地区にカジノを含む総合型リゾートを誘致することも決定しました。国・地方自治体・経済界が一体となって関西圏を盛り上げており、アフターコロナでは、かなりのインバウンド需要を見込むことができます。

このように関西エリアも、「人口」「経済」の面で非常に高いポテンシャルがあり、京阪神エリアを中心とする賃貸需要も底堅い状況が続いています。

ちなみに、関西圏は首都圏ほど都市の規模が大きくないので、大阪や神戸、京都それぞれの中心部から30分ほどの距離が物件を選ぶのに望ましいエリアです。西は明石市、東は大津市、草津市あたりまでの範囲です。この範囲内なら、通勤・通学人口が多いので、空室リスクを抑えやすくなるはずです。

長期的な賃貸需要を考えると、首都圏や関西圏、中京圏、福岡市、札幌市とその周辺都市の収益不動産に投資するのがよいということは、ここまでの話でご理解いただけたと思います。

さらにお勧めしたいのは、複数の都市圏にまたがって物件を持つことです。

ご存じの通り、日本は地震大国なので、取得した物件がいつ被害に遭っても不思議ではありません。近年は台風や豪雨による被害も全国各地で起きています。

そうした自然災害が発生した場合、1つのエリアに保有する物件が被災して賃貸経営がうまくいかなくなっても、別のエリアに保有する物件で賃料収入が確保できれば、全体として賃貸経営を維持することができます。

「卵は1つのカゴに盛るな」というのは有名な投資格言ですが、これは不動産投資についても言えることです。特定の商品だけに投資をするのではなく、複数の商品に投資を行ってリスクを分散させることが重要なのです。

中京圏、福岡、札幌は利回りが良く資産運用に弾みがつく

首都圏が不動産投資に適した“トップ・オブ・トップ”の絶好エリアであることは、前述の説明でおわかりいただけたと思います。

とはいえ、首都圏の物件は販売価格がどうしても割高になってしまうので、利回りが低下することを嫌って、中京圏や福岡市、札幌市といった、地方の物件を物色する方もいらっしゃいます。

これらのエリアで安定的な収益を確保するには、どんなポイントを押さえておけばよいのでしょうか。

結論から言うと、将来の人口減少率が相対的に緩やかなエリアを選べば、空室リスクは抑えられるので、安定収益が見込めると考えます。

たとえば福岡市は、2020年時点の人口は約156万人ですが、2030年に160万人を超えてピークを迎え、その後、緩やかに減少していく見通しです。

一方、名古屋市を中心とする中京圏は、名古屋市だけでも人口200万人を超え、地場産業の経済力も底堅く、投資対象エリアとして今後も期待できると思います。

札幌市も人口が200万人近いエリアで、賃貸需要も手堅いものがあります。

これらのエリアなら、将来にわたって一定の賃貸需要が見込めるので、キャッシュフローが先細りする心配は少なく、むしろ首都圏の物件よりも利回りは高めなので、資産運用に弾みがつく可能性もあります。

オーナー経営者や元経営者が、個人や家族の資産をなるべく早く殖やすために不動産投資を始めるのであれば、中京圏、福岡市、札幌市などの物件を取得するのも選択肢の1つとなるでしょう。

これらのエリアは、人口減少が相対的に緩やかなので、土地の価格もさほど大きくは下がらないはずです。取得した物件の価値が大きく目減りすることもないので、資産保全効果が高く、出口戦略（売却）でも有利になります。

なお注意したいのは、地域によって間取りのトレンドが大きく異なる点です。賃貸でも敷地内駐車場が必須だったりするエリアもあるので、関東圏や関西圏のような電車社会の感覚で拙速に判断してしまわないようにしましょう。

“人の流れ”は重要か？エリア選定で注目すべきポイント

不動産投資に関する書籍などでは、最寄り駅の1日の乗降者数が「〇万人以上ならOK」「〇千人以下なら避ける」といったように、“人の流れ”をエリア選びのポイントの1つに挙げています。

もちろん、誰も寄り付かないエリアでは入居者の確保が困難なので一定の乗降者数はほしいところですが、大都市圏であれば、さほど気にする必要はありません。

当社は大都市圏で5,000戸超の物件を管理し、そのなかには乗降者数の少ない駅が最寄りの物件もありますが、入居率は99％超と、ほぼ“満室”状態です。管理物件の多くは、当社が仕入れと開発を行ってお客さまに提供した物件なのですが、物件を仕入れたり開発する際、当社は最寄り駅の乗降者数はまったく見ていません。それでも、これだけの高水準をキープできるのです。

“人の流れ”よりも大切なのは、需給バランス・在庫バランスです。たとえ最寄り駅の乗降者数が多くても、競合物件が飽和しているようなエリアであれば入居付けに非常に苦労し、空室が長期化しやすくなります。

一方、最寄り駅の乗降者数は少ないとしても、そのエリアにライバルとなる物件が少なければ入居付けは容易となります。

また、乗降者数が少ない駅であっても、ターミナル駅が近い駅であれば入居付けには有利です。大都市圏であればターミナル駅にある賃貸仲介会社が沿線各駅の賃貸物件に案内することは普通のことで、ターミナル駅最寄りでは賃料が高すぎる、と考える入居希望者層を取り込むことができるからです。

このように、最寄り駅の乗降者数をただ気にするだけでなく、エリアの事情を複合的に考えることが肝要になります。

「住みたいエリア」を選ぶと利回りが低下する恐れも……投資効率を第一に考える

このようにエリア選定は大変重要ですが、不動産投資を始めようとする方のなかには、エリア選定の考え方を間違えている方も少なくありません。特によくある間違いは、「自分が住みたいエリア」に狙いを定めてしまうことです。

㈱リクルート住まいカンパニー社（現リクルート）が毎年発表している「みんなが選んだ住みたい街ランキング2022」によると、首都圏の順位は1位から順に「横浜」「吉祥寺」「大宮」「恵比寿」「浦和」「目黒」「新宿」「品川」「池袋」「鎌倉」と続きます。

関西圏では同じく「梅田」「西宮北口」「神戸三宮」「なんば」「天王寺」「夙川」「千里中央」「京都」「江坂」「草津」でした。

関東圏・関西圏ともにベスト10に選ばれたのは誰もが知る人気のエリアです。住む街としての魅力は高く、実際に自分が住む物件を探している人にとっては魅力的でしょう。賃貸物件に住んだり、自宅を購入したりする場合は、このように「自分が住みたいエリア」で絞り込んで一向に構いません。皆さまも、実際にこうした視点で選んでいると思います。

しかし、収益不動産を取得する場合は別の視点を持たなければなりません。特に、物件購入代金の多くを融資で調達し、キャッシュフロー目的の不動産投資をしたい方にとっては自宅購入時と投資時のエリアに対する考えを大きく変える必要があります。人気のエリアでは物件金額が非常に高くなりますが、得られる賃料が物件金額と同じ割合で高くなるわけではないからです。

たとえば、まったく同じ一棟収益不動産が不人気エリアと人気エリアにあったとします。物件金額が不人気エリアで5,000万円、人気エリアでは2倍の1億円の場合、不人気エリアの賃料が5万円なら人気エリアの賃料が2倍の10万円になるかと言えば、そんなことはありません。高くなってもせいぜい2〜3万円程度です。

物件金額は高いのに賃料はそれほど上がらない、ということは物件利回りは低くなるということです。こういった物件で融資を受けてキャッシュフロー目的の不動産投資をする場合は、自己資金を多く入れなければその目的を達成できません。

自分の住みたいエリアと投資エリアは切り分けて考え、自己資金の投資効率の高さに主眼を置いて物件を選定しなければなりません。

東京都内人気エリアの収益不動産の実質的な利回りは、わずか3%台となっています。こういった物件を融資割合が高い状態で購入してもキャッシュフローは回りません。

取得する目的が経営する会社の自社株評価対策や相続対策なら、利回りが低くても取得価格の高い物件を買うメリットはありますが、オーナー経営者や元経営者が第二の収益源構築や資産運用の目的で購入するのなら、賃料に対し取得価格が高いエリアの物件はお勧めできません。

購入前の現地調査は必ずやっておく

理想のエリアにある物件を見つけたからといって、すぐに飛びつくのは禁物です。購入前には、必ず現地調査をしましょう。

どんなにエリアや利回りがよくても、中古の場合、建物の老朽化が著しいと入居付けに苦労し、修繕に費用が掛かると最終的な利回りは低下します。細かい話ですが、外壁のひび割れや鉄部のさび、受水槽や貯水槽、浄化槽の有無、物件の管理状況など、立地や建物の状況は見て確かめる必要があります。

土地の状況もしっかり確認しましょう。たとえば、建物の敷地と道路には深い関係があり、建築基準法43条では、「建物の敷地は幅員4m以上の道路に2m以上（共同住宅は4m以上）接しなければならない」と定められています。こうした条件を満たしていない物件は再建築ができず、売りたくても買い手が非常に見つかりにくいものです。他にも、隣地との境界は表示されているのか、越境物はないかなど、見ておくべき点はいくつもあります。

周辺環境がどうなっているのかも要チェックです。最寄り駅からマンションまでの間にコンビニやスーパーがあるのか、病院やクリニックの有無を気にする人もいます。近年であれば災害リスクも考慮して、崖のような場所にある物件は避けたほうが無難かもしれません。実際に現地に行くと、生活するうえで気になる騒音状況や、街の空気感などを肌で感じることができます。

実際に現地調査をしないとわからないことは多いので、当社の場合は必ず社員が物件まで足を運び、細かくチェックしたうえで、物件の可否を判断しています。

当社が扱う物件は厳しい審査をクリアしていますが、購入者にも現地に足を運んでいただき、物件そのものだけでなく、周辺状況をご自身の目で確かめていただきたいと考えています。いくつかポイントをまとめましたので、参考にしてください（【図3-2】参照）。

図3-2　現地調査で収益不動産を見る3つのポイント

事前に準備するもの

◎当該物件の資料　◎住宅地図　◎カメラなど

ポイント①周辺環境・立地条件

◎最寄駅からの距離
（実際歩いてみると物件情報とは異なることもある）
◎生活施設（コンビニやスーパー、フィットネスクラブなど）
◎公共施設や医療機関などの有無

ポイント②土地の状況

◎幅員4m以上の道路に接道しているか
◎土地の形状　◎接道距離は何メートルか
◎隣地との高低差　◎土地の境界が表示されているか
◎隣地に越境物はないか、など

ポイント③建物の状況

◎外壁のひび割れ、タイルの浮き沈み、鉄部のさび、等
◎物件の管理状況、受水槽、貯水槽、浄化槽があるか
◎消火器、自動火災報知器、誘導灯の有無
◎敷地内に電柱はあるか
◎ネット環境（多くは建物に掲示されている）
◎付帯収益となるものがあるか
（自動販売機、携帯アンテナ、太陽光パネル）

いつの時代でも金融機関から高評価 選ぶべきは住居系物件

2023年5月、国は新型コロナウイルスを季節性インフルエンザなどと同じ5類に移行させ、ようやくコロナ禍はほぼ終焉を迎えました。コロナ禍によって、収益不動産物件の金額にはどのような影響があったのでしょうか。

結論から言うと、住居系への影響は軽微、店舗・オフィス系への影響は甚大でした。

ホテルは、地域の有力ホテルが相次ぎ廃業や休館に追い込まれました。安く売りに出された物件も少なくありません。背景にあったのはインバウンド需要の消失です。

一方、オフィスはテレワークの普及とともに需要が低下しています。在宅勤務の普及に伴い、オフィスを縮小した企業も少なくありません。

これに対して、住居系の収益不動産、つまり賃貸アパートやマンションには、ほとんど需要の変化がありませんでした。

留学生や海外からの出稼ぎ労働者が住む一部のアパート・マンションでは退去が進み、新たな入居者が決まりにくいということもありましたが、全体としては空室率が大きく上昇することもなく、賃料相場も下落していません。そうした状況なので、住居系物件に対する金融機関の融資も新型コロナ発生前とさほど変わらず、物件金額にも大きな変化はありません。

当社による金融機関へのヒアリングでも、住居系収益不動産については、コロナショックによる融資情勢の変化はほとんど見られませんでしたし、今後も大きく変わることはないでしょう。

多額の自己資金を投入できるなら住居系でなくてもOK

以上のような点を考慮すると、不動産投資では、オフィスビルや商業ビルよりもアパート、マンションなどの住居系物件のほうが望ましい投資対象だと言えます。

ただし、キャッシュフローを狙うよりも、むしろ節税効果を得たいというのであれば、この限りではありません。相続税評価額や自社株評価を圧縮するために、なるべく金額の大きな物件を取得したいというのなら、オフィスビルやテナントビルなどの事業用物件を選択するという方法もあるでしょう。

当社は住居系物件を中心に取り扱っていますが、お客さまのご要望や投資目的によっては、事業用物件をアレンジさせていただくこともあります。

とはいえ、物件の特性上、好立地の物件を選ぶことが大前提となるため利回りは住居系物件に比べてかなり低くなります。また事業用物件はテナントがいったん退去すると次の入居がなかなか決まりにくいという問題があり、特に、経済が疲弊している地方の物件はテナント付けに苦労しやすいので、経済基盤がしっかりしている関東圏や関西圏などの都市部にある物件を選んだほうがいいでしょう。

また、多額の自己資金を投入できるのであれば、その分、金融機関からの借入を抑えられるので、住居系以外の物件でも十分なキャッシュフローを得る事業計画を立てることは可能です。

相続対策が目的なら低イールドギャップ物件も検討の余地あり

十分なキャッシュフローを得るためには、1.0〜1.5％以上のイールドギャップを確保すべし――。これが、第2章で解説した不動産投資で成功するためのセオリーでした。

しかし、不動産投資ニーズの拡大とともに、大都市圏などの人気エリアでは利回りの低下傾向が続いており、十分なイールドギャップが得られる物件が少なくなっています。特に、東京都の港区、渋谷区、新宿区といった超人気エリアは、利回りが3〜4％といった物件がほとんどです。借入割合が高い融資前提での不動産投資ではキャッシュフローがマイナスになります。

ただし、相続対策としての節税が主な目的であれば、イールドギャップが1.0％を下回るような物件でも取得する価値はあります。人気物件は市場価格が高いので、市場価格と相続時の課税評価額とのギャップが大きくなりやすいからです。

低イールドギャップの住居系物件を取得する場合も、多額の自己資金を投入できれば、借入を抑えられることになり、キャッシュフローを得ることは可能です。

業歴が長くて多額の現預金の積み上げのある事業法人や、会社を売却して、まとまった資金を保有している元経営者の方なら、その資金を投入して、節税と安定収益の“一石二鳥”の効果を得ることもできるでしょう。

新築区分ワンルームは絶対に避けるべき 物件種類別のメリット・デメリット

前述の通り、住居系不動産は収益が安定していますが、住居系であればどんな物件でもよいというわけではありません。

ひと口に住居系と言ってもさまざまな種類があり、それぞれにメリット・デメリットがあります。住居系物件の種類を大別すると次の通りです。

- **新築区分（ワンルーム）マンション**
- **中古区分（ワンルーム）マンション**
- **新築一棟アパート**
- **新築一棟マンション**
- **中古一棟アパート**
- **中古一棟マンション**

アパートとマンションの違いには、さまざまな解釈があります。本書では、アパートはコンパクトな2～3階建ての木造・軽量鉄骨造の建物、マンションは鉄骨造や鉄筋コンクリート造の大きな建物とします。

結論から言うと、当社が不動産投資用の物件としてお勧めするのは、新築もしくは中古の一棟アパート・マンションです。

「大和財託は一棟物件専門だから、一棟ものを勧めるのだろう」という声もありそうですが、決してそんなことはありません。

当社は宅地建物取引業の免許を持っているので、どのような物件も扱うことができます。にもかかわらず当社が区分の物件を販売しないのは、お客さまがあまりにも儲けにくい物件だからです。

物件タイプそれぞれのメリット・デメリットを【図3-3】にまとめました。

図3-3　投資対象物件ごとのメリット・デメリット

投資対象	メリット	デメリット	判定
新築区分	◎手軽に始めやすい ◎信販系ローンで借りやすい	◎節税は初年度のみ ◎毎月1万円以上の持ち出し ◎物価下落率が激しく売るに売れない ◎金融機関から見た担保価値なし ◎賃貸経営の実績として評価されない	×
中古区分	◎手軽に始めやすい ◎物件数が多く選びやすい ◎立地のよいところが多く、入居付けが比較的容易	◎保有戸数が少ない時は、経営が不安定 ◎経費率が高い（管理費・修繕積立金、他） ◎将来の大規模修繕リスク（修繕積立金の不足） ◎自由度が低い（室内のみの工事） ◎金融機関から見た担保評価低い	×
新築一棟	◎新築初期は賃料が高く取れる ◎当初は大規模修繕費用などは不要 ◎1回の取引で複数戸所有できる ⇒経営の安定、スピード ◎融資が長期間で組みやすい	◎新築プレミアム賃料がなくなれば、賃料は下がる ◎物件金額に対する建物割合が高く、経年により価値が下がる ◎単年の減価償却費が少ない（長期にわたって経費化）	○
中古一棟	◎賃料下落が少ない（下がりきっていることが多い） ◎単年の減価償却費が高く取れ節税効果が高い ◎1回の取引で複数戸所有できる ⇒経営の安定、スピード ◎物件金額に占める土地割合が高い ⇒資産性が保ちやすい	◎突発的修繕リスクがある（小規模な工事） ◎大規模修繕リスクがある（屋上、外壁、配管） ◎金融機関によっては融資期間を長期で組めない場合がある	○

新築区分ワンルームマンションは、信販系ローンなどで融資が受けやすく、手軽に投資しやすいのが特徴です。販売会社のセールスマンは、「節税にもなり、生命保険・がん保険もついてくる」などと薦めてきます。

ところが、節税メリットを得られるのは初年度のみで、融資を受けて買った場合は、毎月1万円以上の持ち出し（手出し）になってしまいます。ですから、インカムを得ることが目的であれば、新築区分ワンルームマンション投資はお勧めできません。

さらに新築区分ワンルームマンションは、購入金額が割高であることが多いうえ、売却しようにも売却金額は借入残高から大幅に低い金額でしか査定されないため、売るに売れない状況になりがちです。投資を終わらせるためには、追加で自分のお金を投下して借入金額の全額を返済しなければならないという、罰ゲームのような状況に陥りやすいのが新築区分ワンルームマンション投資なのです。

ワンルームマンションの販売会社は、「30年、40年と保有し、借入金額を全額返済すれば、無借金の状態で現物資産が手に入り、将来の私的年金代わりにもなります」などと提案しますが、その間に多額の手出しを毎月しなければならず、築年数が経過すれば室内設備の改修などにもお金がかかるので、本当に資産が残るのか、私的年金になるのかどうかは甚だ疑問です。

では、中古区分ワンルームマンションはどうでしょうか。

一般に中古区分ワンルームマンションは、新築区分ワンルームマンションに比べて利回りが高くなります。立地のよい物件も多くあるので、入居付けも比較的容易です。

とはいえ、全額キャッシュで購入する場合はよいのですが、融資を利用して購入した場合は、新築ワンルームと同様、毎月の手取りはわずか、あるいはマイナスになります。

また、管理費や修繕積立金などの経費率が高く、将来の大規模修繕リスクに備える必要もあるので、どうしてもコスト高になってしまいます。昨今は修繕積立金が不足する中古マンションが数多く出てきており、万が一不足すると、追加で修繕積立一時金を請求される場合もあります。

新築区分にせよ、中古区分にせよ、オーナー経営者や元経営者の方々の資産運用や節税という目的に照らし合わせると、ワンルームマンションはベストな選択とは言えません。

ワンルームを1〜2戸所有したとしても、年間の賃料収入はせいぜい数十万円から百数十万円なので、資産運用としてはもの足りません。

十分な資産を持ち、金融機関からの信用力も高いオーナー経営者や元経営者の方なら、数億円から十数億円の借り入れをし、10戸前後で構成される一棟もののアパートやマンションを取得することも可能です。

戸数が多ければ、それだけ賃料収入は増えるので資産運用に弾みが付きますし、空室リスクも分散できます。

ということで、次に新築一棟アパート・マンションのメリット・デメリットについて見てみましょう。

新築の物件は、竣工当初は賃料を高く設定することができますし、競争力のある間取りと最新設備が整っていれば、入居付けはかなり有利です。

しかも中古と違って、当面は大規模修繕などの費用はかかりません。一棟で複数戸を所有するので経営は安定しやすく、融資が長期間で組みやすいのも新築一棟の強みです。

土地付きの物件となるため、建物が古くなっても土地という資産は残ります。言い換えれば、建物が古くなっても物件の価値が土地の価値以下に下がることは無いということです。

デメリットとしては、一定の年数が経過して退去者が出ると、新築時と同じ賃料では入居者が決まらず、賃料が下落する可能性があります。

物件によっては新築時に賃料が高く設定できる「新築プレミアム」(詳しくは後述)が付く場合があり、その状態はいわば"ボーナスタイム"のようなものなのですが、新築プレミアム賃料でかさ上げされた利回りは数年で大きく下落する可能性があるので、物件購入時には周辺の賃料相場などをよく調べておく必要があります。

また、新築物件は単年あたりの減価償却費が少ないので、税金対策には不向きです。法人税や個人所得税を抑えるために不動産投資を始めたいと考える方は、新築は避けたほうがよいでしょう。

この他にも、新築一棟物件ならではの注意点があります。取得する際に建物部分の計算を間違えて、利回りを勘違いしてしまうケースがあるのです。

建物の建築費は、建築費用にあたる「本体工事」と、電気やガス、給排水、エレベーターなどの設備費用である「付帯工事」に分けられます。

一般に建築費というと本体工事費のみを指すので、付帯工事を考慮しないで利回りを計算する方もいます。しかし、付帯工事費も加味して算出しないと、本当に収益力のある利回りなのかどうかを判定することはできません。

土地を自ら見つけて建設会社に直接発注し、新築一棟物件を建てる方もいます。うまくいけば、よい利回りの物件が手に入り、短期売却でキャピタルゲインを得られるという期待があるのでしょうが、この場合、信用力のある建設会社に発注しないと大変なことになる可能性もあります。

大手ハウスメーカーなら倒産するリスクはまずありませんが、一般に大手は建築費用が高く、利回りも低くなるので、選択することは少ないと思います。かといって、利回りを求めて建築費用が安い工務店に頼むと、工事が止まったり、工事途中で倒産したりという信用リスクを負うことになります。

中古一棟のアパート・マンションは新築一棟のような新築プレミアム賃料は設定されないので、一般的に賃料の下落は緩やかです（ただし、長期入居者がいる物件は、退去により賃料が大きく下がる可能性もあります）。

単年の減価償却費が多く取れるので節税効果が高く、新築一棟と同じく複数戸を保有できるので経営の安定性や土地の資産性が期待できます。

一方、中古物件は、突発的な修繕が発生しやすいことが大きなリスクです。一棟物件は、建物すべてが所有者のものなので、一定周期での大規模修繕が必要となり、修繕リスクは避けられません。

また中古物件の場合、金融機関によっては長期にわたる融資が組めないこともあります。

このように一棟物件も、新築・中古にかかわらず良し悪しがあるのは事実です。それでもデメリットを補って余りあるメリットが期待できるので、当社としては新築と中古の一棟物件をお勧めしています。

一般的に、キャッシュフローを狙うなら中古の大型物件や新築の木造物件がよく、節税目的なら中古の木造・軽量鉄骨造の物件にするなど、投資の目的によって購入対象物件は異なってきます。

「新築一棟」は融資がおりやすく十分なキャッシュフローも見込める

新築一棟アパート・マンションのメリットとデメリットについて、さらに掘り下げて説明しましょう。

新築一棟物件は、建物自体が新しいだけでなく最新の設備が導入されるので、高い賃料が設定でき、修繕リスクもありません。建物自体に資産性があるので長期間の融資がおりやすく、キャッシュフローが出やすいというメリットもあります。

ただし、新築一棟であれば必ず成功するというわけではありません。

注意すべき点を2つ挙げましょう。

①賃料の妥当性(今後の賃料下落はどの程度か)

新築物件の賃料は中古に比べて高めに設定できますが、竣工から数年が経過すると、あるいは最初の入居者が退去したあと、賃料が大きく下落する可能性があります。「新築プレミアム賃料」がなくなるからです。

入居希望者に、同じ立地で新築の物件と、築10年の中古物件のどちらに住宅に住みたいかと問うと、中古と答える人はまずいないはずです。

日本人は新築が大好きで、まだ誰も住んでいないことに価値があると感じます。過去に何人も住人が入れ替わった中古の部屋よりも、高い賃料でも新築の部屋を借りたいと思うのです。

このように新築未入居の部屋であれば、賃料が高く設定できることを「新築プレミアム」といいます。

しかし新築時に入居した人が退去すると、次は中古物件(築浅物件)としての募集となるので、新築プレミアムがなくなる場合があります。

近年は新築物件の供給が多いことから、以前よりも新築プレミアムは取りにくくなりましたが、それでも新築ということで高値で賃料付けをする傾向は強いようです。そのため、退去による賃料下落は「必ず起こること」と考えて覚悟しておいたほうがいいでしょう。

新築物件を供給する不動産会社・建設会社によっては、新築時の入居賃料を相場以上に吊り上げるところもあります。賃料を吊り上げれば、同じ利回りで販売するにしても販売金額を上げることができ、会社が儲かるからです。

吊り上げ方には、賃貸仲介会社に支払う広告料を、相場1ヵ月のところを3〜4ヵ月相当にしたり、入居後一定期間（たとえば2ヵ月間など）の賃料が無料になる「フリーレント」を付けたりと、さまざまな方法があります。これらの吊り上げを行った場合、一度退去が出ると、次からは賃料が大幅に下落してしまいます。

たとえば、上記のようなやり方で賃料を吊り上げた状態で表面利回り8.0％の新築物件の場合、5年後に賃料が20％下がったと仮定すると利回りは6.4％。空室・滞納損失や運営費用などを考慮すれば、総収益率FCRは5％を切ってしまいます。購入資金の多くを融資で賄ったとすれば、金融機関への返済もぎりぎりの状態に陥ります。加えて空室が長期化すれば、借入の返済が厳しい状況になりかねません。

ただし、すべての新築物件で賃料が大幅に下落するわけではありません。当社では新築一棟物件の開発供給を行っていますが、無理な賃料の吊り上げは一切行っていません。その結果、過去に販売した物件では急激な賃料下落は起こっておらず、賃料は安定しています。たとえば、当社が新築物件として販売し築7年が経過した物件でも、賃料下落は0%と新築時を維持しています。

新築物件を検討する際は、レントロール（詳しくは後述）に記載された賃料が相場相当なのか、それとも吊り上げられたものなのか、厳しく精査する必要があります。

仮に吊り上げられたものだった場合は、数年後に賃料が大幅下落することを前提に、下がったあとでもキャッシュフローが出るかどうかをしっかりシミュレーションする必要があるでしょう。

②利回り、事業計画に嘘は無いか

不動産会社・建設会社が示す新築一棟物件の利回りや、会社側からの提案資料である事業計画書・キャッシュフローシミュレーションには、意図的に投資パフォーマンスをよく見せようとする罠が潜んでいることがあります。

たとえば、前述した賃料下落については、ほとんど考慮していないか、下落幅を甘く想定している会社が多いです。

さらにひどいケースだと、空室・滞納損失や運営費用などが利回りの計算に入っていなかったり、本来算入すべきこれらの数字を意図的に外して利回りを高く見せたりしている会社もあります。

実例を挙げてみましょう。

以下の物件の概要書では、表面利回りが7.46%と紹介されていました。

ケーススタディ❶

ある新築一棟物件の概要

【総事業費】

土地価格	**3,500万円**
建築費	**3,600万円（税抜）**
建築費消費税	**360万円**
事業費合計	**7,460万円（a）**

【その他諸費用】

外構・地盤工事	**350万円（b）**
その他建築諸費用	**950万円（c）**
総事業費	**8,760万円（a＋b＋c）**

【運用中の想定条件】

年間満室想定賃料	530万円
空室・滞納損失	25万円
運営費用	120万円

【資金計画】

借入金額	8,000万円（自己資金760万円）
金利	2.0%
融資期間	35年
元利返済額	318万円

この物件概要書に記載されている表面利回り7.46％というのは、「消費税およびその他諸経費を控除した金額」で、年間満室想定賃料を除算した値とのことでした。

嘘の表面利回りを計算する

表面利回り
＝年間満室想定賃料 530万円÷（土地価格 3,500万円＋消費税抜き建築費 3,600万円）＝7.46％

この計算式は、不動産投資の本当の利回りをまったく表していません。そもそも表面利回り自体が投資判断の役に立たないことは第2章でも述べたとおりですが、不動産会社・建設会社側としては、不動産投資の初心者である顧客に利回りを高く見せて販売しようということなのでしょう。

本来の表面利回りは、「年間満室想定賃料÷物件金額（税込）」で求められ、物件金額には給排水引き込み工事や外構・地盤改良費用など、建物に付随するすべての工事費用が含まれるべきです。

そして不動産投資の「本当の利回り」は、第2章で解説したように、年間満室想定賃料から空室・滞納損失や想定される運営費用を引いた純営業収益NOIを総投資金額で除算した時に算出される総収益率FCRで表されます。この物件のNOIおよびFCRは次の通りです。

純営業収益NOI
＝年間満室想定賃料 530万円－空室･滞納損失 25万円－運営費用 120万円
＝385万円

総収益率FCR
＝NOI 385万円÷総投資金額 8,760万円＝4.39%

次に、この物件のキャッシュフローおよびイールドギャップを見てみます。

ローン定数K
＝元利返済額 318万円÷総借入額 8,000万円＝3.97%

税引前CF
＝NOI 385万円－元利返済額 318万円＝67万円

イールドギャップ
＝FCR 4.39%－ローン定数K 3.97%＝0.42%

キャッシュフローだけを見ると、税引前で67万円という一定金額が出ていますが、そのキャッシュフローを得るために自己資金700万円以上と借入金額8,000万円、合計9,000万円近い金額を投下している点を見過ごしてはいけません。これでは投資規模に対してキャッシュフローが薄過ぎます。

この投資の本当のイールドギャップは、わずか0.42%。「新築プレミアム」がなくなった時、賃料下落によって融資の返済が極めて厳しい状況に陥る危険性が高いでしょう。

それを避けるため、自己資金をより多く投下し、総収益率FCRからのリターンを期待するのが、この投資でキャッシュフローを得る唯一の選択肢です。

しかし、物件自体のFCRは4.39%です。私であれば、貴重な自己資金は他の物件に投下する判断をします。

このように、実体と大きくかけ離れた表面利回りを鵜呑みにして、「中古物件が利回り8%台のなかで、新築物件で7.5%前後あればよい投資先だ」と勘違いして投資を行っている方が、当社の投資相談にも来られます。

しかし残念ながら、物件を購入した時点ですでに失敗しているケースに対し、当社としてはどうすることもできません（金融資産が一定以上あればリカバリーできる物件の購入も可能ですが、そうでない方は持ち続けるしかありません）。

繰り返し言いますが、不動産投資は初期設定が何よりも大切で、それを怠ると“ボタンの掛け違い”が延々と続いてしまうのです。

他に、「サブリース（賃料保証・一括借上）」にも注意が必要です。新築一棟の購入を検討している方のなかには、ハウスメーカーや一部アパート専業ビルダーなどが提案する、サブリース契約があるから安心、と考えている人もいるのではないでしょうか。

サブリース契約とは、個人投資家が所有する物件をハウスメーカー・アパートビルダーの子会社（サブリース会社）が借り上げて、第三者に転貸する契約です。

多くの場合、「30年賃料保証」などと銘打ち、「一括借上があるので、賃料は寝ていても入ってきますよ」などとセールストークをしてきます。しかし、そのような賃料保証を永続的に受けることは不可能です。

どういうことかというと、30年賃料保証とは「賃料の支払いは30年保証するけれど、その保証する金額は30年間一定ではない」という意味だからです。

たとえば、ある程度年数が経って、突然サブリース会社が保証賃料の減額を提案してきたとします。

この時、「賃料保証といいながら、それはおかしい」と、減額交渉を断ったらどうなるでしょうか。サブリース会社から契約解除を言いわたされ、入居者を他の物件に移されるかもしれません。そうなると全室が空室となり、金融機関への返済が滞ってしまいます。自力で入居者を集め直すのには多額の費用と長い期間がかかってしまいます。

サブリースの場合、入居者と賃貸借契約を結んでいるのは物件所有者ではなくサブリース会社です。実際に住んでいる入居者にとっての契約上の貸主は、物件所有者ではありません。サブリース会社側は、極端に言えば物件所有者との契約を解除後、その物件の入居者をどうしようが勝手なのです。

そうして泣く泣く賃料の減額を受け入れた場合も、厳しい状況が待ち受けています。ほとんどの所有者はサブリース会社から入ってくる保証賃料をベースに月々の融資返済額を決めているはずなので、予定外に保証賃料が下がれば原資不足で返済不能になる危険性があるのです。

30年もの長期にわたり賃料が安定して入ってくる――。そんな甘い言葉に踊らされてはいけないということです。

サブリース契約によるトラブルが相次いだことにより、2020年12月に「賃貸住宅の管理業務等の適正化に関する法律」(いわゆるサブリース新法)が施行されています。

この法律は、①不当な勧誘行為の禁止、②重要事項説明の実施、という2つの柱で構成されています。保証賃料が下落するリスクがあること、契約期間中であっても状況によっては契約を解除する可能性があることなどを、サブリース会社が広告や営業の場で明確に伝えることや、書面でも説明し、契約する投資家から記名捺印を取り付けることなどが義務付けられました。

私の所感ではこの変更で状況が多少改善されているとは思いますが、営業で日々他社の動向を見ていると、現場レベルではあまり変わっていないというのが現状です。

その他、新築一棟を検討する際には、売主の開発体制を知ることも重要です。通常、不動産会社が土地付きの新築一棟物件を開発するとなると、建物の建築については建設会社に委託する形となります。

そのような体制だと建設会社の利益と不動産会社の利益が重ねて乗ることになり、開発コストがかさみます。どうしても購入者に提供する時には物件金額が高くなり、利回りも低くなってしまいがちなのです。そのような物件が販売される際には、前述のように賃料を吊り上げて見せかけの利回りを上げようとする細工をされるリスクも高くなります。一見利回りがよくても、その賃料を維持できない可能性が高いということです。

そうした物件を避けるため、数は少ないですが、不動産会社自身が工務店として建物を建築し、販売もしている物件を探してみましょう。開発原価を抑えられるので、賃料を無理に吊り上げたりしない可能性は高くなります(もちろんその場合であっても賃料の妥当性を調べることは重要です)。

当社においては、建設業の許可を取得し、自社設計・自社施工、販売までの製販一体体制を取っているので、高い利回りの物件をお客さまに提供できています。ちなみに建設会社が開発・販売している物件もありますが、建設会社は賃貸ニーズの把握が十分できてないケースが多い傾向にあります。購入後の管理運営面についても建設会社には普通ノウハウが無いので、選べるなら製販一体の不動産会社のほうが安心感はありそうです。

このように、新築一棟物件にも注意点はいくつかあります。ただ、新築一棟物件は低金利で長期間の融資を組むことができたり、保有後10〜15年は大きな修繕費用がかからないなどメリットも大きいです。そのメリットを十分に享受するため、初期設定の段階でしっかりと賃料下落を想定し、それでも十分にキャッシュフローが得られるような事業計画を立てましょう。

「中古一棟」はリスクをコントロールすればよいパフォーマンスを得られる

続いて、中古一棟アパート・マンションのメリットとデメリットについて掘り下げてみましょう。

メリットとしては、まず、賃料が安定していることが挙げられます。中古一棟物件は新築物件と異なり、購入後、短期間に賃料が大幅に下がるリスクはまずありません。

昔の高い賃料で入居し続けていた長期入居の方が退去すれば賃料が下がることはありますが、数年間住んだ程度ではほぼ下がりません。そのため、購入時の利回りが保たれやすいのが大きなメリットだと言えます（ただし、間取りや住宅設備が今の賃貸ニーズに耐えられるスペックになっていることが前提です）。

賃料に対する物件金額が新築と比べて相対的に安く、利回りが高くなりやすい点も中古一棟物件への投資のよいところです。高い利回りの物件でしっかりとキャッシュフローを出して次の投資の原資にしたり、キャッシュフローを積み上げて純資産を大きくしたりできるわけです。

建物の構造にもよりますが、中古一棟物件は物件金額に占める土地価格の割合が比較的大きいのも利点です。土地部分は経年劣化によっては価格が下がらないため、物件全体の価格を維持しやすくなります。

ここ数年は、物件金額高騰の影響で利回りが低下し、中古一棟物件のメリットが薄れる傾向があります。また、融資厳格化の流れで融資期間が伸びにくくなり、一定以上の自己資金を求められる傾向も強まっています。

しかし、中古一棟物件は物件ごとの特徴の違いがとても大きく、価格高騰下でも利回りの取れる物件が一定数存在しますので、そうした物件を投資対象として選別すればいいでしょう。

新築一棟の場合は、土地相場と、その上に載る建物の建築費用で物件金額が決まりますが、中古一棟は必ずしも相場通りの価格で売買されるとは限りません。相対取引が基本であるため、同じようなスペックや築年数でも、高い物件もあれば、安い物件も出てきます。それほど中古一棟物件は個別性が強いのです。

ここまで中古一棟物件のメリットについて見てきましたが、もちろん、よいことばかりではありません。

中古一棟にもいくつかのリスクがあり、物件を選ぶ際には注意を払う必要があります。

特に注意したいのは修繕リスクです。中古一棟物件では、室内修繕工事と外壁・屋上（屋根）防水工事という2つの修繕を常に考慮しなければなりません。長期入居者が退去して室内をフルリフォーム（一定の住宅設備の更新含む）する場合、単身者向けで30万円前後、70㎡以上のファミリー物件では100万円以上の費用がかかります。

大規模修繕工事と呼ばれる外壁・屋上（屋根）防水工事は物件規模にもよりますが、アパートタイプで200万～400万円、マンションタイプで1,000万円以上の費用が必要です。

修繕リスクを回避するためには、事前に将来の修繕コストおよび修繕時期の目安を知っておく必要があります。購入前に修繕履歴を取り寄せるとともに、実際に現地で建物を見て劣化状況を確認しましょう。ご自身で判断できない時は、管理会社やリフォーム会社の人と同行すれば客観的なアドバイスがもらえると思います。

もう1つのデメリットは長期の融資が組みにくいことです（融資の詳細については第4章を参照）。前述の通り、融資は長期で設定することが大前提ですが、建物の残存耐用年数が少ない物件や超過した物件は、一部金融機関を除き、長期融資が難しくなります。

長期の融資が組めないと、物件の利回りFCRは高くても、ローン定数Kが大きくなり過ぎてイールドギャップが取れなくなります。つまり借入レバレッジを効かせてのキャッシュフローが出にくくなるのです（元金返済は進むため、売却時キャッシュフローは得られます）。

対策としては、築年数が経過した物件でも長期融資が可能な金融機関を見つけ、融資を受けるというシンプルな方法しかありません。もちろん、購入される方の属性（年収、金融資産など）と居住地によって状況は変わってきます。

このように、中古一棟物件を選べば必ず成功するわけではありませんが、うまくデメリットをコントロールすればよい投資先になり得ます。

中古一棟不動産のリスクやデメリットをコントロールするには、「リノベーション」物件を有効活用する方法があります。

収益不動産の流通経路には、大きく分けて「仲介」と「不動産会社が売主で直販」の2つがあります。仲介とは売主と買主の間に「不動産売買を仲介する不動産会社」が入る形態、「不動産会社が売主で直販」は仲介会社を通さず不動産会社が自ら売主となって直接売買する流通形態です。

仲介物件は原則「現状渡し」です。大規模修繕工事や各種メンテナンスなどはしないまま買主に引き渡されます。修繕費用などをかけずに仲介のみを行うため、一見すると利回りが高いように見えますし、場合によっては掘り出し物件に出会える可能性もあります。買主にとっては、購入後に自分でリノベーションをする際に工夫を凝らせる面白さもあります。一方、想定以上に修繕費がかかって、割安に物件を購入できたはずが最終的な利回りは月並みになってしまう、というケースは多いです。

一方、不動産会社が売主の場合、すべてではありませんが大規模修繕工事や室内リフォームを施した後に販売されるリノベーション物件もあります。リノベーション物件のメリットは、先に紹介した中古一棟物件のデメリットである修繕リスクを低減できる点と、それによって長期融資が受けられる可能性が高まることです。不動産会社自らが売却前に物件所有者として一定期間保有しているため、滞納者の有無を含む入居者の素性など、物件の購入検討時に把握しておきたい情報を適切に開示してもらえる利点もあります。

こういった不動産会社が売主のリノベーション物件は、超高利回りの掘り出し物件であることは滅多にありません。ただ投資理論で考え、投資として成り立つのであれば、リスクを抑えて中古一棟物件での不動産投資ができるのでお勧めです（当社でも関東圏・関西圏・中京圏の一棟中古リノベーション物件を開発提供しています。大規模修繕・室内リノベーション工事実施済みの他、購入後の退去時の修繕保証を付けることが可能であり、かつ利回りも高いということで、リスクを抑えて投資リターンを得たい方に人気です）。

収益か？　節税か？ 建物の構造・築年数は目的別に選ぶ

収益不動産選びでは、目的に合った構造や築年数の建物を投資対象に選ぶことも重要なポイントとなります。建物構造は、大きく分けると次の4タイプになります。

木造

軽量鉄骨造

重量鉄骨造

鉄筋コンクリート造（RC造）

木造と軽量鉄骨造は、主に2～3階建てのアパートに使われる構造なので、エレベーターなどの設備が不要であることから、運営費用が安くなります。

建物の規模もそれほど大きくないので管理がしやすく、将来解体する場合にも、他の構造に比べて簡易にできるので処分コストがそれほどかかりません。特に中古の木造と軽量鉄骨造の場合、減価償却費を短期で計上できるので、税金対策に向いています。

一方で、法定耐用年数は短く、金融機関によっては融資期間が短くなりがちです。融資が長期で組めなければキャッシュフローを得にくくなり、次の投資のための原資を貯めるのに時間を要します。

ちなみに、木造・軽量鉄骨造の物件を取得する場合、あまり規模が大きすぎる物件は避けたほうが無難です。購入時は融資を受けられたとしても、売却時に次の買主が融資を受けられない可能性が高いからです。将来の売却時の金額が1億円を下回るような物件規模がお勧めです。

そうなると、一棟あたりの金額は小さくなりますから、一定のキャッシュフローを得ようとすれば複数棟を保有するのがセオリーとなります。

鉄筋コンクリート造（RC造）は、一棟当たりの規模が大きな物件が多く、1回の取引で投資規模を拡大させやすいのが特徴です。

さらに、建物が堅牢で長期利用できることから法定耐用年数が長く、融資を長期で組みやすいので、ローン定数Kを低くすることができるのも大きなメリットです。

ただし、RC造の建物は固都税（固定資産税・都市計画税）が高額であり、エレベーターや消防などの設備費用も多く運営費用（ランニングコスト）が高くなります。結果、他の構造と比べるとどうしても実質的な利回りFCRは低くなりがちです。よってイールドギャップは木造や重量鉄骨造と比べて取りにくく、キャッシュフローは出しにくい傾向があります。ただ、規模が大きいのでキャッシュフローの金額の絶対額は多くとれる投資となります。

一方、法定耐用年数が長いということは減価償却期間が長いということで、一年あたりの減価償却費はそれほど取れません。フロー所得の節税には不向きとなります。その他、将来の修繕費用や解体費用も高額になりがちです。

重量鉄骨造のメリット・デメリットは、木造・軽量鉄骨造と鉄筋コンクリート造との中間くらいとなります。中古物件で長期融資が組めればRC造より利回りは高くなる傾向にあるので、よい投資になる可能性があります。

建物の構造や築年数は、投資の目的によって正解が変わってきます。

まず長期にわたってキャッシュフローを得ることを投資目的とするなら、低金利で長期の融資を受けられる中古の鉄筋コンクリート造がお勧めです。中古重量鉄骨造や新築木造でも長期の融資が受けられるなら、十分なキャッシュフローが出るはずです。

また、詳細は第6章で解説しますが、減価償却による節税メリットを最大限に得たいのであれば、中古木造と中古軽量鉄骨造がお勧めの投資対象となります。

ただし、中古木造と中古軽量鉄骨造は長期の融資期間が設定しづらく、一般的には10年から15年です。そのため保有期間中のキャッシュフローは出にくくなりますが、節税が目的であれば投資としては成り立つはずです。

また、一部の金融機関はこうした築古物件の長期融資にも応じていますので、その場合はキャッシュフローの獲得と節税が両立します。

大切なのは、投資の目的に応じて建物の構造や築年数を選ぶことです。どれがいいという単一的な答えはありません。

適正賃料がわかる！
レントロールの見方

不動産投資は、主として賃料収入を得ることを目的とする事業なので、年間賃料の多寡が収益不動産の価格形成における大きな決定要素になります。

そのため、物件選定の第一歩として「レントロール」の確認は不可欠です。

レントロールとは賃貸条件一覧表のことです。入居者ごとの契約賃料、礼金、敷金・保証金などがズラリと並んでいます（【図3-4】参照）。

図3-4　レントロールの一例

単位：円

号室	契約状況	間取り	面積	賃料	共益費	月額合計（現況）	月額合計（満室想定）	敷金保証金	返済債務	備考
1階店舗	契約中			220,000		220,000	220,000	220,000	220,000	P2台込
201	契約中	2DK	45.8㎡	67,000	3,000	70,000	70,000	350,000	50,000	
202	契約中	2DK	45.8㎡	57,000	3,000	60,000	60,000			
203	契約中	2DK	45.8㎡	67,000	3,000	70,000	70,000	800,000	640,000	
204	契約中	2DK	45.8㎡	62,000	3,000	65,000	65,000			
205	契約中	2DK	45.8㎡	62,000	3,000	65,000	65,000			
301	契約中	2DK	45.8㎡	78,000		78,000	78,000	400,000	50,000	
302	契約中	2DK	45.8㎡	67,000	3,000	70,000	70,000	500,000	100,000	
303	空室	2DK	45.8㎡			0	63,000			
304	契約中	2DK	45.8㎡	57,000	3,000	60,000	60,000			
305	空室	2DK	45.8㎡			0	63,000			
401	契約中	2DK	45.8㎡	52,000	8,000	60,000	60,000			
402	空室	2DK	45.8㎡			0	63,000			
403	空室	2DK	45.8㎡			0	63,000			
404	空室	2DK	45.8㎡			0	63,000			
405	契約中	2DK	45.8㎡	65,000	3,000	68,000	68,000	700,000	560,000	
駐車場1	契約中					-	0			
駐車場2	契約中					-	0			
駐車場3	空き					0	10,000			
駐車場4	空き					0	10,000			
合計				854,000	32,000	886,000	1,221,000	2,970,000	1,620,000	

レントロールの項目を見る際には、敷金返還債務の金額や、賃料に水道料が含まれていないかなど、いろいろなチェックポイントがありますが、やはりいちばん大切なのは賃料です。具体的に見てみましょう。

賃料のチェックと言えば、「空室部分の想定賃料が適正か」が代表的な観点ですが、投資の成功率を高めるにはさらに踏み込んで考える必要があります。

すべての部屋から入居者が退去したとして、今から新たに入居募集した場合いくらの賃料で決まるか、そして、その際の年間賃料がいくらになるかを把握することが大切です。これを当社では「引き直し賃料」と呼んでいます。

例を挙げて説明します。

ケーススタディ❷

【サンプル物件】

概要	1K（25㎡）×18戸
物件金額	1億5,000万円
年間満室想定賃料	1,192万8,000円
表面利回り	8.0％

図3-5　サンプル物件のレントロール

No	号室	用途	賃料	共益費	月額合計（満室）	引き直し賃料
1	101	住居	42,000円	2,000円	44,000円	44,000円
2	102	住居	52,000円	3,000円	55,000円	44,000円
3	103	住居	52,000円	3,000円	55,000円	44,000円
4	104	住居	54,000円	2,000円	56,000円	44,000円
5	105	住居	55,000円	2,000円	57,000円	44,000円
6	106	住居	54,000円	2,000円	56,000円	44,000円
7	201	住居	51,000円	5,000円	56,000円	45,000円
8	202	住居	52,000円	5,000円	57,000円	45,000円
9	203	住居	54,000円	3,000円	57,000円	45,000円
10	204	住居	52,000円	5,000円	57,000円	45,000円
11	205	住居	42,000円	3,000円	45,000円	45,000円
12	206	住居	51,000円	5,000円	56,000円	45,000円
13	301	住居	54,000円	3,000円	57,000円	46,000円
14	302	住居	52,000円	5,000円	57,000円	46,000円
15	303	住居	53,000円	5,000円	58,000円	46,000円
16	304	住居	53,000円	5,000円	58,000円	46,000円
17	305	住居	52,000円	5,000円	57,000円	46,000円
18	306	住居	51,000円	5,000円	56,000円	46,000円
合計			926,000円	68,000円	994,000円	810,000円

	満室想定	引き直し賃料
年間収入	11,928,000 円	9,720,000 円

本ケーススタディのレントロールを詳細に見てみると、賃料にばらつきがあることがわかります。

引き直し賃料相場を調査したところ、現在は1室4.4万～4.6万円（共益費込）でなければ入居付けできないとの結果が出ました。すると、引き直し年間満室想定賃料は（4.4万円×6戸＋4.5万円×6戸＋4.6万円×6戸）×12ヵ月＝972万円となります。

物件金額1億5,000万円、表面利回り8.0％で購入したつもりの物件が、実体は6.5％（972万円÷1億5,000万円）となっているのです。もちろん、購入直後に退去が続出することは考えにくいですが、一度退去が出るとその部屋の賃料が4.4万～4.6万円になること、そして長期的には引き直した利回りに収束していくことは購入前から想定しておきましょう。見せかけの利回りが高く実際は儲からない物件を、高値掴みすることを避けられます。

ただし、賃料の妥当性を判断するといっても個人にはなかなか難しいかもしれません。そこで、物件周辺エリアを取り扱う賃貸仲介会社に話を聞いてみましょう。日常、賃貸物件の入居付けに関わる彼らの感覚には信頼がおけます。

賃料相場は日々変化しており、時期による賃料の変動などがタイムリーに起きています。当社は管理会社でもあるので事業展開しているエリアの賃料相場はおおむね把握していますが、それでも最終の想定賃料の確定は各地域の賃貸仲介会社に確認を取ったうえで行います。入居者募集活動を通じて各エリアの賃貸仲介会社との関係性を構築し、相場観などを日々アップデートしているのです。

収益不動産は想定していた賃料を外すと、投資パフォーマンスに大きな影響を及ぼします。レントロールの賃料を鵜呑みにしてはいけません。確認して確認しすぎることはないのです。

空室率は5～10%と見ておけば十分 過剰な想定は禁物

不動産投資にはさまざまなリスクが存在しますが、物件所有者にとって特に気になるのは空室リスクです。実は空室リスクを適切に評価できるようになることで、よい物件を購入する選択の幅が広がります。

まず前提として、昨今の不動産投資の主流は、相場上昇を期待して安く買って高値で売り抜けるキャピタルゲイン狙いではなく、賃料収入を得るインカムゲイン狙いです。

インカムゲイン狙いの不動産投資は、賃料を支払ってくれる入居者がいるという前提があるため、空室はできる限り少なくしなければなりません。

しかし、日本が人口減少社会に突入し、新築物件の供給急増でエリアによっては需給バランスが崩れていることなどから、入居者は集めにくい状況になっています。

「平成30年住宅・土地統計調査結果」(総務省統計局)によると、賃貸住宅の空室は432万戸を超え、空室率は22.7%にのぼりました。約5室に1室以上は空室という計算です。今後その傾向は一層強くなるでしょう。

空室リスク対策の具体的な方法については163ページからを参照してください。

また、空室リスク対策以前に、物件購入時の空室率の想定に問題がある場合があります。空室リスクを過剰に見積もって物件判断してしまう方が意外に多いのです。

不動産投資を行っている人のなかには、空室率20%を投資判断にしている方が一定数いるようです。前述の全国平均空室率や金融機関の収益還元評価算定時の考えを参考にしているものと思われます。

金融機関のなかには、年間満室想定賃料に空室率20％をかけて収益還元評価を算出しているケースがあるため、それを判断材料にしているのでしょう。

ただし、賃貸管理会社の立場で多くの物件を管理運営してきた経験から言うと、空室率20％という数字は高すぎるというのが私の見解です。

現在、当社で収益不動産の提案をする際は、物件・エリア・築年数・間取りにより空室率を2〜5％と想定しています。他の管理会社の場合であっても空室率は5〜10％程度と見ておけば問題無いでしょう。

「想定数値が良すぎるのは不安」という方もいると思うので、簡単な例を示して説明します。モデルケースとして1K×10戸の物件で空室率20％とした場合は、次のような状況が想定されます。

年間貸し出し可能戸数＝10戸×12ヵ月＝120戸／年
空室率20％の時の年間空室戸数＝120戸×20％＝24戸

投資判断をする際の利回りや金利などは最低年単位で考えるため、空室率も同様に年単位で考えます。この想定にある「年間24戸の空室がある状況」を具体的に示してみると、次のようになります。

- **2戸が12ヵ月空室であった**
- **3戸が8ヵ月空室であった**
- **4戸が6ヵ月空室であった**
- **6戸が4ヵ月空室であった**

いかがでしょうか。よほどのアクシデントが発生しない限りは考えにくい状況です。経験上、単身者タイプの物件では、多くても年間1〜2戸の退去が発生する程度です。2戸が12ヵ月も空くのは、物件自体に問題があるか、管理体制に問題があるかです。このような数字が現実的になる前に、入居者を集める何らかの策を講じるべきでしょう。たとえいくらかの費用がかかったとしても、空室状態を放置して本来得られるはずのお金をドブに捨てるよりはよほどマシなはずです。

続いて、一般的な空室率として推奨している5〜10%の場合はどうでしょう。

空室率10%時の年間空室戸数＝120戸×10%＝12戸

この状況を具体的に示してみると、次のようになります。

- **1戸が12ヵ月空室であった**
- **2戸が6ヵ月空室であった**
- **3戸が4ヵ月空室であった**

上記は厳しめに見ると、「入居付けが厳しいエリアでは起こり得る」状況だと思います。したがって悪く見積もっても、見ておくべき空室率は10%程度でしょう。

現在当社が管理している物件の場合、年間平均入居率は99%を超えます。一般的な管理会社であれば、空室率は5〜10%を見ておけば十分負荷をかけていると言えるのではないでしょうか。

以上でわかるように、金融機関が収益還元評価を算出する際の空室率20%は、融資の可否を決める際の目安にするための数値でしかありません。実際の投資判断に使う基準値としては役に立たないのです。安全性を重視するのはよいことですが、空室率20%を前提に検討するのはリスクを恐れすぎです。それではよい物件が買えません。

もちろん、空室率20%でも耐え得るほどの高い収益性を持った物件があれば理想ですが、物件金額が高い都市部でそんな掘り出し物件に出会えることはありません。

地域によっては空室率20%想定でも過剰な負荷と言えない場合もありますが、そのようなエリアはそもそも投資対象として避けるべきでしょう。いくら利回りが高くても、入居需要が無い物件に投資しても成功はおぼつかないのです。

なお、空室率について1つ付け加えると、投資判断の際の損益分岐点、つまりキャッシュフローがマイナスになる時の空室率を把握することが大切であることは、言うまでもありません。

物件を割安に取得する裏ワザ「土地値物件」とは？

国内の一般中古住宅に対する評価は、諸外国と比べて不当に著しく低いというのが私の考えであり実感です。

たとえば、築20年を超えた木造一戸建て建物の評価は中古流通市場ではゼロになり、ほぼ土地値の価格で取引されます。これは築年数の経った物件を「長くきちんと建っている物件」と捉えず、とにかく新築を好む日本人の国民性もあるでしょう。

しかしもう1つ、日本の税制の影響もあると考えています。

たとえば木造建物の法定耐用年数は22年です。つまり法律上、「新築木造建物は22年で価値がゼロになりますよ」と言っているに等しいのです。

欧米諸国では中古物件の建物にも価値が見出され、正当に評価・取引されています。日本における中古物件の本来の価値と市場価値の差に、違和感を覚えるのは私だけでしょうか。

近年、ようやく国も社会資産である既存建物を有効に利用できるよう対策に乗り出しており、建物診断（インスペクション）を実施し、建物に価値を見出す仕組みを導入しようと模索中です。

中古物件が正当に評価される社会を実現するカギは、金融機関から融資が出るかどうかです。欧米諸国のようにインスペクションや建物の状態をもとに、杓子定規の法定耐用年数内での融資ではなく、柔軟に融資を出す仕組みの構築が必要です。

実はこうした日本の中古不動産の評価におけるひずみは、不動産投資のメリットにもつながっています。

中古不動産マーケットにおける矛盾を上手に利用することで、よい投資ができるのです。

具体的に述べましょう。収益不動産は以下の2通りの評価方法で価格が決まります。

①収益還元価格　賃料収入÷還元利回り（キャップレート）
②積算価格　　　土地・建物をモノとして評価した価格

ここでの積算価格とは金融機関の担保評価ではなく、実売価格を意味します。①②のうち高いほうの金額が採用され、市場に売りに出されるのが一般的ですが、本来は積算価格が採用されるべき物件が、まれに収益還元価格の金額で売りに出されていることがあるのです。

具体的な事例を見てみましょう。以下のような物件が、表面利回り7.14%の収益不動産として売りに出されています。

ケーススタディ❸

物件概要	**埼玉県中部エリア、最寄り駅徒歩10分、築30年　軽量鉄骨造　2DK×4戸**
売買金額	**3,500万円**
年間満室想定賃料	**250万円**
表面利回り	**7.14%**

この物件、一見特に優れた部分はありませんが、結果的に公開後2週間で早期に売れてしまいました。

なぜそれほど人気だったのか——。答えは「土地値」にあります。

【土地】

面積	**165㎡**	**(約50坪)**
相続税評価額	**2,640万円**	**(相続税路線価 1㎡あたり16万円)**
実売土地価格	**4,120万円**	**(実売㎡単価 1㎡あたり25万円)**

相続税路線価ベースでは売買金額以下だった土地値は、実売ベースでは売買金額以上となります。実売土地価格が4,000万円以上にもかかわらず、物件は3,500万円で売りに出されていた——上物がある物件はむしろマイナスだと判断されることを逆手に取り、物件を割安に手に入れられたのです。

この物件に投資する際のスタンスは、2つあります。1つは減価償却狙いの節税物件として5年間保有した後、購入金額と同等の金額で売却するという方法。もう1つはキャッシュフローを得ながら同時に時間をかけて立ち退きを行い、解体、土地として売却あるいは建て替えるという方法です。

このケースでお伝えしたいのは次の2点です。

- **土地値に着目し、収益還元価格で売りに出されている割安の物件を狙うこと**
- **土地値は相続税路線価ベースではなく、実売ベースで見ること**

一般の方には、相続税路線価は実売価格の80%が絶対と信じている方が多いように感じます。不動産投資の関係書籍でよく書かれている、銀行担保評価の考えが一般的になったからでしょう。

ところが、今回紹介したケースのように、相続税路線価に基づくと評価が低くても、実売の観点で高評価になる物件はよくあります。投資判断をする際は路線価ベースで計算するだけでなく、土地値に着目し、実売でいくらなのかをぜひチェックしてください。

長期保有が唯一の方法ではない目的に応じて不動産ポートフォリオを見直す

以上、この章では収益不動産の物件選びについて考えてきました。

この章の締めくくりとして1つアドバイスしたいのは、取得した物件を長く持ち続けることだけが、唯一の投資方法ではないということです。

もちろん、できるだけ長く物件を保有して、継続的にキャッシュフローを得たいという方もいらっしゃることでしょう。しかし、物件の収益力は経年で衰えていくので、同じ賃料収入がいつまでも得られるとは限りません。

適切なタイミングで他の物件に買い替える、蓄積されたキャッシュを投入して、新しい物件を増やしていくといった方法も考えたいところです。

不動産ポートフォリオの見直し方は、投資の目的によっても異なります。

キャッシュフローを得るよりも、減価償却を利用して法人税や個人所得税を抑えることに主眼を置くのであれば、償却期間を終えてしまった物件は、すぐ次の物件に買い替えるといったように、機動的にポートフォリオの見直しを行ったほうがいいかもしれません。

また、キャッシュフローを得るための物件、減価償却のための物件、相続税評価額を下げるための物件といったように、目的に応じて複数の収益不動産を使い分ける方法も有効だと思います。

どのような目的で不動産投資を行うのかによって、最適な不動産ポートフォリオは異なってきます。目的は、経営する会社の置かれた状況や、人生設計の変化によっても変わってくるので、その都度、不動産ポートフォリオの見直しを行っていくことが大切です。

第4章

不動産投資を有利に進めるファイナンス戦略

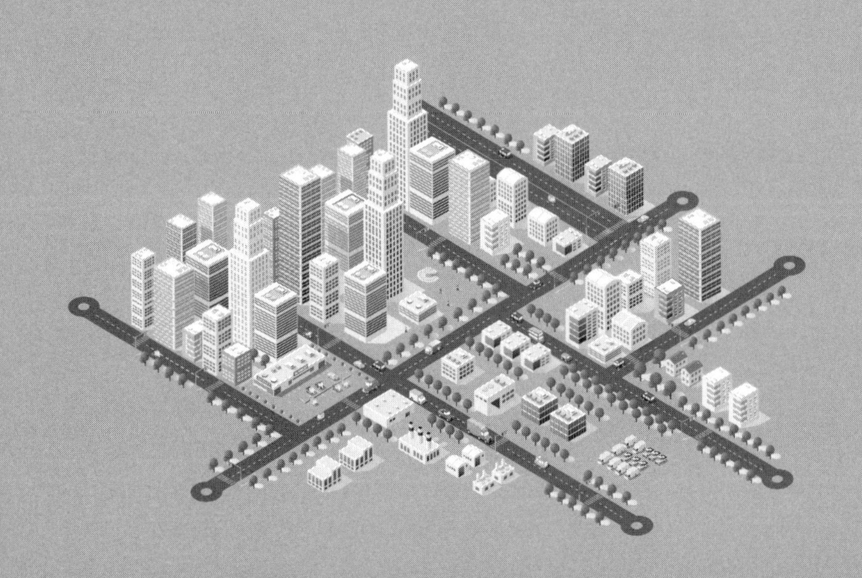

融資を受けて購入すれば収益力は何倍にもなる！

この章では、不動産投資を成功させるための「ファイナンス戦略」をテーマに話を進めます。

不動産投資では、物件選び、物件の管理運営と並んで、ファイナンス戦略が重要なポイントとなります。第2章でも述べたように、この3つの初期設定を誤ると、安定的な収益が得にくくなり、後からリカバリーしようにもできなくなるケースが多いからです。

そもそも、いくらよい物件があっても融資を受けられなければ購入できないという問題もあります。

不動産投資を成功させるファイナンス戦略とは、「いかに有利な条件で金融機関から継続して資金を借りるか？」に尽きます。

オーナー経営者や、会社を売却して多額の資金を手に入れた元経営者の方なら、数億円や十数億円という高額な物件でも、全額、自己資金で購入できるという方がほとんどでしょう。

仮にそうであっても、自己資金を温存し、金融機関から融資を受けたほうが効率的な不動産投資が可能となり、目標まで最短でたどり着くことができます。

投入した資金（自己資金）よりも大きなお金（借入金）が動かせる「レバレッジ効果」によって、収益やキャッシュフローを何倍にもできるのです。

金融機関からの借入を利用したレバレッジ効果について、簡単な例で説明しましょう。

1,000万円の手持ち資金で不動産投資を行ったと仮定します。借入はせず、自己資金だけで物件を購入するパターンと、一部、借入によって購入するパターンとでは、以下のような結果の違いが出ます（要点を単純化するため、同じ利回りの物件を取得したものと想定し、空室や滞納損失は考慮せず、税引前CFで計算します。単純化のため、利回りなどは現在の相場とは大きく異なります)。

ケーススタディ❹

【パターン① 全額自己資金で物件を購入した場合】

購入物件	中古区分マンション
物件金額	1,000万円
年間満室想定賃料	100万円　(表面利回り　10%)
運営費用	30万円
税引前CF	70万円　(年間満室想定賃料－運営費用)
自己資金に対する利回り	7.0%　(70万円÷1,000万円)

【パターン② 借入をして物件を購入した場合】

購入物件	中古一棟マンション
物件金額	1億円
年間満室想定賃料	1,000万円　(表面利回り　10%)
運営費用	240万円
借入金額	9,000万円　(自己資金1,000万円)
金利	2.0%
融資期間	25年間
元利返済額	460万円
税引前CF	300万円 (年間満室想定賃料－運営費用－元利返済額)
自己資金に対する利回り	30.0%　(300万円÷1,000万円)

1年あたりで見ると、自己資金1,000万円の投資効率はパターン②のほうが4倍以上高くなりました。金融機関からの借入によるレバレッジ効果で投資効率は大きく高まることがわかります。

金融機関から融資を受けられるというのは、「他人のお金を利用して投資ができる」というのと同じことです。

借金を背負うことになるので返済リスクは伴いますが、初期設定でリスクコントロールができれば、資金を効率よく運用できる方法だと言えます。

投資全般的な話ですが、投資というのは自分のお金に対してリターンがどうであったかという点で評価されます。不動産投資の場合も総投資金額に対するリターンではなく、投下自己資金に対してのリターンで評価するべきで、融資を利用することでそのパフォーマンスを劇的に高められるということです。

信用力の高い経営者や元経営者こそ融資をフル活用すべし

ここまでの説明で、レバレッジ効果で収益不動産の投資効率がどれほど上がるのかということは、ご理解いただけたのではないかと思います。

ところで、このように効率のよい不動産投資を実践できるのは、ある程度まとまった資産を持っているオーナー経営者や、会社を売却して多額の資産を手に入れた元経営者の方々の“特権”のようなものです。

なぜなら、一般の会社員や公務員は、金融機関から多額の資金を借り入れるための元手（金融資産）を持っていないからです。

一般的な会社員では、それほど大きな資金を金融機関から借り入れることは困難です。比較的信用力が高い上場企業の社員や公務員でも、借り入れられるお金には限度があります。

その点、長年にわたる企業経営によって、多額の個人資産を形成したオーナー経営者の方なら、その資金力によって金融機関から多額の融資を受けることが可能です。たとえ業歴は短くても、経営する会社の業績が堅調で、常に多額の役員報酬をもらっているようなオーナー経営者の方は、有利な条件で多額の融資を受けることができるでしょう。

法人名義で収益不動産物件を取得する場合も、財務状況の健全な会社や、業績が堅調な会社であれば、金融機関から好条件で資金を引き出せるのです。

仮に現在は業績が今ひとつだったとしても、過去の好業績によってバランスシートの純資産が積み上がっているような会社であれば、融資は受けやすいと言えます。

また、非上場企業の場合、金融機関は、会社の信用力とオーナー経営者個人の信用力を一体化して見ます。オーナー経営者が個人で融資を受ける場合も、経営する会社が経営者にとって一番の資産となっているので、それを裏付けとして有利に融資を受けられることもあります。

逆に、たとえ会社に十分な資産がなくても、経営者が一定以上の資産を持っていれば、それを“担保”に法人名義で取得する物件の購入資金を貸してくれる可能性があります。

法人名義で融資を受ける場合、すでに本業で融資取引のある金融機関に相談するのも方法の1つです。過去に事業融資を受けて返済した実績のある金融機関なら、審査は通りやすいでしょう。

すでに一定の信用を得ているわけですし、事業融資と違って収益不動産という担保があるので、金融機関も資金を出しやすいのです。

一方、IT企業のように多額の設備投資が必要無い業種の場合、「金融機関から事業融資を受けたことが無い」という会社がほとんどだと思います。

こうした業種は、過去の借入実績が無いので、「収益不動産を取得したくてもお金を貸してもらえないのではないか？」と思われがちですが、決してそんなことはありません。バランスシートの状況や、業績の動向によっては、数億円単位のまとまった資金を貸してもらえる可能性はあります。

IT企業の経営者は、投資家やベンチャーキャピタルなどからの出資によって資金を調達することはあっても、金融機関から資金を借り入れた経験を持つ方は少ないので、当社が不動産投資ローンの話をすると、「そんな資金調達方法があるんですね！」と驚かれることが多いです。

自己資金の何倍ものお金が動かせるという「レバレッジ効果」の仕組みを初めて知って、投資効率のよさに納得するIT企業経営者も少なくありません。

先ほども述べたように、事業融資と不動産投資ローンの違いは、前者が無担保融資であるのに対し、後者は収益不動産という担保を差し入れる「有担保融資」であるということです。

そのため、これまで融資を受けた実績が無い企業などでも、まとまった資金を借りやすいのが大きなメリットだと言えます。

また、当社のお客さまには、会社を売却して多額の資産を手に入れた元経営者や、ストックオプションの行使などによって資産を手にした元役員の方々も大勢いらっしゃいますが、そうした方々も、金融機関から有利な条件で数億円単位のまとまった融資を受けることが可能です。

多額の資産を手に入れた元経営者や元役員の方々のもとには、税理士や証券会社などから、さまざまな投資話が持ち掛けられてきます。

そうした投資に比べて、収益不動産は非常に手堅く、安定的なキャッシュフローが得られる魅力的な投資手段であるということは、第1章で解説した通りです。

たとえば、会社を売却して10億円の資産を手に入れた元経営者の方がいるとします。10億円もあれば、何もしなくても一生悠々自適で暮らせるはずですが、とはいえ運用しなければ資産はどんどん減っていきます。

仮に10分の1の1億円を自己資金として9億円を借り入れ、10億円の一棟マンションを取得すれば、9億円の現金を温存したまま、年間2,000万円のキャッシュフローを得ることも可能なのです。

資産を減らすことなく、安定的な収益が確保できるのですから、これほどありがたいことはありません。

十分な資産を持っていて、融資をフル活用できるオーナー経営者や元経営者ほど、不動産投資を始めるべきだと思います。

コロナ禍の影響はほぼ皆無だった!? 気になる金融機関の融資姿勢

金融機関から借入をするとなると、「今なら、どれだけ有利な条件で借りられるのか？」という点が気になるものです。そこで、近年の金融機関の融資動向について簡単に触れておきます。

実は、不動産投資案件に対する金融機関の融資姿勢は、2018年ごろから厳格化していました。サブリース（104ページ参照）による長期賃料保証を謳って女性専用のシェアハウスを販売しながら、賃料が支払えなくなり、同年に運営会社が経営破綻した「かぼちゃの馬車」事件がその発端です。

この事件は、テレビやインターネットのニュースでも大きく取り上げられたので、覚えておられる方も多いことでしょう。事件の経緯については詳しく解説しませんが、この騒動によって不動産投資案件に対する一部金融機関の不正融資が問題視され、融資の厳格化が進みました。

とはいえ、事件発生からすでに5年近くが経過し、徐々にではありますが金融機関の融資姿勢は元通りになりつつあります（2023年7月現在）。

では、2020年初めから流行が拡大した新型コロナウイルス感染症は、金融機関の融資姿勢に影響を与えたのでしょうか。

実際に当社とお付き合いのある金融機関にヒアリングしたところ、「新型コロナの影響はあまりなかった」という答えが大半でした。ただし、入居者の賃料滞納リスクを考え、融資審査のストレスを強めた金融機関は多少あったようです。

ただ、コロナ禍でも、住居用の一棟アパート・マンションは収益性に安定感があったので、金融機関は総じて融資を止めませんでした。

金融機関としては、物件金額の2割程度など一定の自己資金投入があれば、担保が取れる長期の優良債権として位置付けることに変わりはありませんでした。十分な自己資金を投入できるオーナー経営者や元経営者の方であれば、今後もまず心配する必要は無いでしょう。

むしろ金融機関が行方を注視しているのは、実体経済の動向です。ロシアによるウクライナ侵攻や、それに伴うエネルギー・資源価格の高騰、米国の金利上昇などによって、世界経済が長期的な景気後退局面に突入することが懸念されています。

実際にそうなった場合、日本の金融機関の融資姿勢にも変化が表れるかもしれません。

とはいえ、そんな状況下でも、どこかに資金を貸し付けなければ商売が成り立たないのが金融機関です。景気後退とともに法人向け融資のリスクが高まれば、他の融資案件の開拓に力を入れることは間違いありません。

特に住居系収益不動産は、コロナ禍の時期においてもその影響をほぼ受けることなく、安定的な収益（＝確実な返済）が見込める融資案件として、金融機関から注目を集めました。

オフィスビルや商業ビルなどがコロナの影響で空室リスクにさらされたのに対し、景気や社会情勢がどうなろうと、「人が住む」という“なくならない需要”に支えられている住居系収益不動産の手堅さを、金融機関も再認識したのです。審査基準が緩和され、より有利な条件で融資が受けられる状況は今後、ますます整っていくはずです。

急激なインフレが進行！不動産投資ローンの金利は今後どうなる？

2022年2月、ロシアによるウクライナ侵攻が開始されたことでエネルギー・資源価格が高騰。国際物流の大混乱なども影響して、世界的に急激なインフレが進行しました。その結果、米国は大幅な利上げを続けており、一時1ドル150円を超える急激な円安を引き起こすなど、日本経済にも大きな影響を与えています。

円安の是正や、物価高の抑制のため、日本でもいずれ政策金利が上昇するのではないかという観測すら出てきました。

なぜなら、日銀は新発10年物国債利回りに連動する長期金利をコントロールするため、プラスマイナス0.5%の範囲で国債を買うという政策を実施していますが、今後、変動の許容幅を0.5%よりもさらに大きくする可能性があるからです。その結果、市場で取引される国債の利回りも上昇し、固定金利が上がるのではないかというのが観測の根拠です。

しかし、多くの不動産投資ローンが金利設定の基準としている政策金利はこの30年間、ほとんど変わっていません。政策金利は市場の動きに応じて決めるものではなく、景気や民間企業の業績に基づいて決定されるので、日銀は今後も政策金利を大きく上げることはないでしょう。

今後、中長期的に多少の金利上昇はあるかもしれませんが、1%を超えて上昇することは考えにくいと思います。

なぜなら、同じように日本の長期金利が上昇した局面は、過去20年ほどの間に何度か起こったものの、一度も政策金利が上昇したことはなかったからです。仮に上がったとしても、コンマ数パーセント程度の金利上昇であれば、キャッシュフローにはほとんど影響が無いと見ていいでしょう。

物件はいくらで評価されるのか？金融機関には2つの“物差し”がある

金融機関からいくら資金が借りられるか、どれだけ低い金利で借りられるのかは、借りる個人や法人の信用力だけでなく、取得する物件の評価によって変わります。

では、金融機関はどんな基準で物件を評価するのでしょうか。

「利回りや立地がよい物件なので、高く評価してくれるだろう」と思って持ち込んだものの、金融機関からさほど高く評価されなかったというのはよくある話です。

逆に、最初から「この物件では評価が期待できない」と決めつけてしまうと、せっかくの購入チャンスをみすみす逃してしまう可能性もあります。本来なら十分な融資を受け、レバレッジを効かせた投資ができるはずなのに、その機会を自ら潰すのは、もったいないとしか言いようがありません。

このような機会損失を減らし、借入の条件をよくするためには、金融機関がどんな基準で物件評価をしているのかをしっかり理解する必要があります。

物件の評価方法には、大きく分けて「積算評価」と「収益還元評価」の2種類があります。

積算評価とは、土地・建物の「モノとしての価格」から物件を評価する方法です。

これに対し、収益還元評価とは、物件が生み出す収益性から価格を評価する方法です。

以下、具体的な計算方法とともに、それぞれの評価方法について解説します（計算式は、あくまでも一般的な考え方に基づくものです。実際の数値などは金融機関ごとに異なります）。

◉積算評価

土地・建物の「モノとしての価格」をもとに物件を評価する方法で、下記の式で求められます。

土地＝相続税路線価×土地面積
建物＝再調達原価×建物延床面積×（残存年数÷法定耐用年数）
※残存年数とは、法定耐用年数から築年数を引いたもの

「相続税路線価」とは、土地の相続税や贈与税を計算する際に用いるもので、「公示地価」の8割が基本となっています。

相続税路線価はインターネットで簡単に調べることができます。また、立地や土地の形状により、各金融機関が掛け目を入れて調整を行います。

たとえば、商業地は土地活用に制限が少ないため、より高い価格で評価されることが多く、工業地は周辺に工場が建つ可能性があることから、価格を割り引かれやすい傾向があります。

土地の形状としては、接道道路の幅員が広く、正方形に近い土地のほうが評価は上がりやすいです。

「再調達原価」とは、建物を新たに建築する場合に必要な費用のこと。構造によって単価は異なりますし、金融機関によっても金額は違っています（【図4-1】参照）。

図4-1　再調達原価の一例

再調達原価（㎡あたり）	
鉄筋コンクリート造	19万円
重量鉄骨造	16万円
軽量鉄骨造・木造	13万円

それでは、具体例をもとに評価額を計算してみましょう。

ケーススタディ⑤

【土地】

面積　240㎡
相続税路線価　1㎡あたり17万円
用途地域　第一種住居地域

【建物】

建物構造　RC造
築年数　25年
延床面積　650㎡

土地積算評価＝17万円／㎡×240㎡＝4,080万円
建物積算評価＝19万円／㎡×650㎡×{(47年－25年)÷47年}
＝5,780万円
合計積算評価＝4,080万円＋5,780万円＝9,860万円

◉収益還元評価

収益還元評価は、不動産の収益性に着目し、将来得られる収益を現在の収益から割り引いて物件を評価する方法です。

物件の生み出す収益力が高ければ物件の評価額も高くなり、収益力が低ければ評価額は安くなります。

収益還元評価の計算式は下記の2通りです。

①直接還元法

直接還元法＝純営業収益NOI÷還元利回り

【計算の前提条件】

・NOIを求める条件

→空室率 20%　　運営費用：年間満室想定賃料20%

・還元利回り：エリアによって異なる。

立地がよければ低く、悪ければ高い。

②DCF法（Discounted Cash Flow）

将来的に得られる利益と売却時の予想価格を現在の価値に割り引き、その合計を不動産の評価額とする方法です。直接還元法よりも高い精度で評価額を算出できます。

ここでは、直接還元法による収益還元評価の具体例を示します。

ケーススタディ❻

年間満室想定賃料	**1,166万円**
空室率	**20%**
運営費用	**年間満室想定賃料の20%**
還元利回り	**5.0%**

収益還元価格

（1,166万円－1,166万円×20%－1,166万円×20%）÷5.0%

≒1億4,000万円

以上が、金融機関による物件評価の基本的な方法です。

金融機関によっては、100%積算評価で物件を評価するところもあれば、100%収益還元評価を用いるところ、2つの評価をミックスするところもあります。この他、物件立地の用途地域や容積率によって、積算価格と収益還元価格の割合をそれぞれ決めて合算する金融機関もあります。

金融機関がどの評価法を採用しているのかを知ることは、ファイナンス戦略上、非常に重要です。

たとえば、東京都心部では、積算評価はあまり出ないけれど、収益還元評価が出る物件が多いのですが、積算重視の金融機関としか付き合いがないと、満足のいく評価が得られず、融資もおりないため、物件購入を見送らざるを得なくなることもあります。

「物件が購入できるかどうか？」というポイントに大きく関わりますので、購入しようとする物件にとって有利なスタンスを取る金融機関を自分で探し出すか、融資に強い不動産会社などに紹介してもらうことをお勧めします。

築古物件でも心配は無用！法定耐用年数オーバーでも融資は受けられる

一般的に金融機関から融資を受ける場合、融資期間は「法定耐用年数－経過年数」で決まるといわれています。

たとえば、築20年が経過したRC造の場合、27年（RC造の法定耐用年数47年－築年数20年）が最大の融資期間です。

収益不動産ポータルサイトを見ると、築20〜25年経過した木造や鉄骨造の物件がよく売りに出されていますが、重量鉄骨造の法定耐用年数は34年のため、築年数25年の物件であれば最大の融資期間は9年です。

融資期間9年では月々の返済額が大きくなるため、自己資金を多く投下しなければキャッシュフローは回りません。手持ち資金が少ない人が融資期間の短い借入をした場合、大規模な修繕などの突発的な追加費用が発生すると、キャッシュフローが回らず返済不能に陥る恐れもあります。

ただし、金融機関のなかには、耐用年数とは別のロジックで融資期間を計算し、長期融資を行っているところもあります。

たとえば、ある地方銀行なら、一定の属性は求められますが、築30年を超えた木造の物件でも融資期間35年、金利2％程度の融資を受けることは可能ですし、ある信用金庫は残存耐用年数にかかわらず20〜25年程度で融資を実行しています。

一般の会社員よりも大きな個人資産を持つオーナー経営者や元経営者の方であれば、こうした優遇を受けられる可能性は高いと言えます。

不動産投資では、長期で融資を受けることが重要です。融資期間を可能な限り長く取ってキャッシュフローに余裕を持たせると、不測の事態にも余裕をもって対応できます。

ちなみに、「法定耐用年数を超過して融資を受けると、債務超過扱いとなり次の融資が受けられなくなる」という都市伝説がありますが、まったく問題なく継続融資を受けられますので、心配は不要です。

会社の所在地や経営者の居住地以外でも融資は受けられるのか？

地域による金融機関の融資姿勢に違いはあるのでしょうか。たとえば関東圏と関西圏で比較すると、2023年現在では、あまり変わりません。どちらのエリアでも属性の高い方には積極的に融資を行っており、本書の読者には有利な状況です。

とはいえ、関東圏・関西圏の好立地物件は、物件金額の上昇とともに利回りが低下傾向にあり、自己資金を抑えて融資を活用する不動産投資の場合、十分なキャッシュフローを得られる収益不動産は少なくなっている状況です。

そんななか、地方主要都市などに活路を見出そうとする動きが一部にあるようです。たとえば東京在住の人が関西圏の金融機関から融資を受けて関西の物件を購入しようと考える、といったケースです。

そこで気になるのは、会社の所在地や経営者の居住地から遠く離れた物件を購入する際にも、金融機関から融資を受けることは可能なのかどうかということ。

結論から言えば、「一般的には難しい」というのが答えです。

金融機関が収益不動産の購入資金として融資をする際には、営業エリアの壁という問題があります。原則として、金融機関は営業エリア外の個人・法人、そしてエリア外への物件には融資しないのです。

特に、信用金庫や信用組合の場合は、基本的には地元の個人・法人に対してのみ融資を行っています。地方銀行も、各支店から離れている担保物件だと管理ができないため、営業エリア外への融資は積極的には行っていません。

ただ、原則的には以上の通りなのですが、法人の所在地や、個人の居住地以外の物件に対して融資を受ける方法もあります。日本全国を営業エリアとしている金融機関で融資を受けるのです。

具体的には、三菱UFJ、三井住友、みずほの3大メガバンクや、りそな銀行などの都市銀行などです。

これらの銀行であれば、全国の主要都市に支店を構えているので、そのエリアにある物件を購入するための資金であれば、融資を実行してくれる可能性が高いと言えるでしょう。

地方の中小企業や、地方在住のオーナー経営者、M&Aで資金を得た元経営者が関東圏や関西圏などの都市圏の収益不動産を購入したいという場合も、地元にメガバンクや都市銀行の支店があれば、融資を受けられるかもしれません。

第3章でも説明したように、長期にわたって安定的な収益が得られる物件を取得するためには、人口減少がさほど激しくない関東圏、関西圏、中京圏、福岡市や札幌市などのエリアに狙いを絞るのがベターです。

地元の金融機関だけと付き合うと、地元の物件の購入資金しか融資してもらえないので、不動産投資のエリア展開が難しくなります。

ただし、地方の金融機関でも、地方銀行は、東京、大阪などに支店を構えているところも多いので、関東圏や関西圏で取得する物件に融資が付けられるかどうか、尋ねてみる価値はあります。

空室リスクや災害リスクなども踏まえて総合的に考えると、物件の地域分散は望ましい戦略だと言えます。その場合も、全国主要都市に支店を構えているメガバンクや都市銀行と付き合いを持ち、どの場所の物件でも融資を受けられるようにしておくことがお勧めです。

自己資金を多く入れたほうが最終的なリターンは大きくなるのか？

不動産投資ローンを組むにあたって、「自己資金をいくら入れたらいいのか？」というのは、つねに頭を悩ませるところです。

以前は、自己資金ゼロのフルローンや、借入金額が物件の取得金額を上回るオーバーローンが普通に受けられましたが、先ほど述べた「かぼちゃの馬車」事件の影響もあって、現在では一定の自己資金が求められるようになりました。

そうした融資姿勢の厳格化を受けて、不動産投資をしている方・したい方や業界関係者は「収益不動産相場が下落するのではないか？」と懸念しましたが、今のところ下がっていません。

というのも、不動産投資を行うほとんどの人や法人は厳格化した金融機関の融資姿勢を受け入れ、自己資金を投下して物件を購入しているからです。

投資における"成功"は、自分が投下したお金が、最終的にいくらになって戻ってきたか、ということが評価基準となります。

投資効率を考えれば、自己資金の割合をできるだけ少なくし、より多く借り入れてレバレッジをかけたほうがよいのですが、今日のように金融機関が一定額以上の自己資金を求めてくる状況下でも、不動産投資をするメリットはあるのでしょうか。

結論から言えば、「おおいにアリ」です。

そもそも私は、今日のような状態こそが金融機関の本来の融資姿勢であると思っています。融資姿勢が厳格化したというよりも、ようやく正常に戻ったのです。

一定の自己資金が求められる融資環境であっても、不動産投資は、他の投資よりも投資効率がよく安定性もあります。

それを判断する指標が、自己資金配当率：CCR（Cash on Cash Return）です。

CCRとは、自分のお金（エクイティ）に対する投資のリターンを1年単位で表したものです。

CCR【%】＝キャッシュフロー÷投下自己資本

では、自己資金を投下すると、投資効率はどれだけ変化するのでしょうか。

ここでは、特定の物件の投資パフォーマンスが、自己資金割合を変化させることでどのように変化するのかをケーススタディで見てみます。

ケーススタディ❼

【概要】

構造	木造
	新築
物件金額	1億5,000万円 （土地 6,000万円、建物 9,000万円、建物付属設備：建物のうち20％ （1,800万円））
購入諸費用	600万円
年間満室想定賃料	1,050万円 （表面利回り7％）
空室・滞納損失	年間満室想定賃料の5％ （初年度52.5万円）
運営費用	年間満室想定賃料の17％ （初年度178.5万円）
賃料下落	毎年0.5％減
運営費用下落率	固都税は3年ごとに15％減

【融資条件】

金利	1.0％
期間	35年
返済方法	元利均等返済

【運用条件】

保有期間	15年
購入名義	資産管理法人
税率	22％

【売却条件】

売却物件金額	1億2,000万円 （売却時表面利回り 8.16％）
譲渡費用	400万円

この条件で、自己資金を変化させると投資パフォーマンスがどのように変

わるのかを一覧にまとめました（【図4-2】参照）。

さまざまな切り口で評価していきましょう。

①保有中＋売却　税引後CF（【図4-2】のB）

自己資金をより多く投下したほうが、金額としてのキャッシュフローは大きくなります。同じ物件に投資したとしても、フルローン（諸費用は自己資金）と全額自己資金購入では、保有中の税引後CFに約4.78倍の差が出ます。

全額自己資金時の税引後CF 2億1,712万円
÷フルローン時の税引後CF 4,540万円≒4.78

図4-2　自己資金と投資パフォーマンスの関係

条件	融資割合（物件金額比）	100%	90%	80%	70%
	融資金額	150,000,000	135,000,000	120,000,000	105,000,000
	自己資金…A	6,000,000	21,000,000	36,000,000	51,000,000
	自己資金割合（総投資金額比）	3.85%	13.46%	23.08%	32.69%
保有中	1年目税引前CF	2,678,681	3,229,813	3,780,945	4,332,077
	1年目税引後CF	2,361,081	2,863,113	3,365,145	3,867,477
	15年累計税引前CF	37,379,540	45,646,520	53,913,500	62,180,480
	15年累計税引後CF	31,987,040	39,641,120	47,295,700	54,949,880
売却	売却時税引前CF	20,822,085	30,339,877	39,857,668	49,375,460
	売却時税引後CF	13,412,785	22,930,577	32,448,368	41,966,160
結果	保有中＋売却　税引前CF	58,201,625	75,986,397	93,771,168	111,555,940
	保有中＋売却　税引後CF…B	**45,399,825**	62,571,697	79,744,068	96,916,040
	投資で増加したお金…C＝B－A	**39,399,825**	41,571,697	43,744,068	45,916,040
	自己資金倍率…D＝B/A	**7.57**	2.98	2.22	**1.90**
投資効率	1年目税引前CCR	44.64%	15.38%	10.50%	8.49%
	1年目税引後CCR	39.35%	13.63%	9.35%	7.58%
	税引前IRR	43.97%	15.67%	10.43%	8.08%
	税引後IRR	38.27%	13.13%	8.53%	6.52%

ただし、この結果だけで投資を評価することはできません。

②投資で増加したお金(【図4-2】のC)

こちらも、自己資金を多く投下したほうが増える金額は大きくなります。フルローンと全額自己資金とでは、約1.55倍の差が出ました。

全額自己資金時の増加金額 6,112万円
÷フルローン時の増加金額 3,940万円≒1.55

60%	50%	40%	30%	20%	10%	0%
90,000,000	75,000,000	60,000,000	45,000,000	30,000,000	15,000,000	0
66,000,000	81,000,000	96,000,000	111,000,000	126,000,000	141,000,000	156,000,000
42.31%	51.92%	61.54%	71.15%	80.77%	90.38%	100.00%

4,883,209	5,434,341	5,985,473	6,536,605	7,087,737	7,638,869	8,190,000
4,369,509	4,871,641	5,373,673	5,876,005	6,378,037	6,880,169	7,382,400
70,447,460	78,714,440	86,981,420	95,248,400	103,515,380	111,782,360	120,049,325
62,604,160	70,258,840	77,912,920	85,567,500	93,221,780	100,875,860	108,530,525

58,893,251	68,411,043	77,928,834	87,446,626	96,964,417	106,482,209	116,000,000
51,483,951	61,001,743	70,519,534	80,037,326	89,555,117	99,072,909	108,590,700

129,340,711	147,125,483	164,910,254	182,695,026	200,479,797	218,264,569	236,049,325
114,088,111	131,260,583	148,432,454	165,604,826	182,776,897	199,948,769	**217,121,225**
48,088,111	50,260,583	52,432,454	54,604,826	56,776,897	58,948,769	**61,121,225**
1.73	1.62	1.55	1.49	1.45	1.42	**1.39**

7.40%	6.71%	6.23%	5.89%	5.63%	5.42%	5.25%
6.62%	6.01%	5.60%	5.29%	5.06%	4.88%	4.73%
6.72%	5.83%	5.21%	4.74%	4.37%	4.08%	3.85%
5.37%	4.63%	4.12%	3.73%	3.44%	3.20%	3.01%

①と比べてみると、異なる結果になりました。借入が多くなればなるほど、レバレッジが効き、投資効率が高まって、投下した自己資金を効率よく運用できるということです。

投資効率を評価するうえでは、増えた金額に対して、どれくらいの自己資金を投下したのかという視点を持つことが大切です。

③自己資金が何倍になったか（【図4-2】のD）

15年間の投資によって、自己資金に対しどのくらいリターンが得られるのかを示したのが図表のDです。全額自己資金の場合は、10年間で自己資金が1.39倍になり、フルローンでは7.57倍なので、投資効率の観点ではフルローンに軍配が上がりそうです。

ここで、物件融資割合70％で、諸費用含めた総投資金額に対し32.69％の自己資金を投下した場合、15年間で自己資金は1.9倍になりました。

何を判断基準にするのかにもよりますが、納税後で1.9倍となると、株式投資やその他の投資と比較しても、かなり良好なパフォーマンスだと評価できるのではないでしょうか。

不動産投資では、毎月のキャッシュフローをその投資物件に再投資することはできないので、金融商品などの複利運用商品と同条件で比較することはできません。

その代わり、不動産投資では毎月のキャッシュフローを積み上げ、累積キャッシュフローを他の物件購入に充てることで、実態として複利効果が得られることになります。

ここで、不動産投資とそれ以外の投資を比較してみましょう。

自己資金投下率が32.69％（15年後の自己資金が1.9倍の投資成果）と同じ投資パフォーマンスを得るためには、どの程度の利回りで運用をすればよいのでしょうか。

運用期間15年、有価証券の税率20.32％で試算すると、結論としては利回り

5.5%（税引前）となります。

【複利投資商品概要】

利回り　5.5%（税引前）

運用期間　15年

税率　20.32%

上記条件で5,100万円を運用した場合のシミュレーションは【図4-3】の通りです。

図4-3　15年間で自己資金が1.9倍になる複利投資商品の例

元本＋税引後受取利息	投資初期	51,000,000
	1年目	53,235,164
	2年目	55,568,283
	3年目	58,003,651
	4年目	60,545,762
	5年目	63,199,282
	6年目	65,969,098
	7年目	68,860,305
	8年目	71,878,222
	9年目	75,028,402
	10年目	78,316,652
	11年目	81,749,013
	12年目	85,331,797
	13年目	89,071,612
	14年目	92,975,323
	15年目	**97,050,120**

5,100万円の元手が、15年後には約9,705万円に増えました。

結果として、サンプル物件における自己資金投下率32.69%と同じパフォーマンスとなります。

とはいえ、年利5.5%で運用できるような金融商品は、それほど多くはありません。あったとしても、元本の変動性（ボラティリティ）が高い運用先になりリスクは大きくなるでしょう。

そうした点を考えても、不動産投資で一定の自己資金を投下すれば、他の投資商品と比べてよい結果が得られる可能性が高いと言えるでしょう。

④内部収益率　IRR

投資は、自己資金が何倍に増えたのかという物差しだけでなく、お金の現在価値まで考慮した利回りである内部収益率IRRで評価するのが正しい考え方だと先に述べました。

フルローン（自己資金割合3.85％）の場合のIRRは、税引前で43.97％、税引後で38.27％となっています。レバレッジ効果が効き、かなり高い運用成果が得られたと評価できるでしょう。

全額自己資金の場合、IRRは税引前で3.85％、税引後で3.01％でした。正直、このパフォーマンスであれば、不動産以外の投資先を検討してもよさそうです。

ただし、相続税評価額を圧縮する効果はありますので、キャッシュフロー目的ではなく、税金対策・資産保全対策としてはよいと思います。

また、自己資金割合100％のIRR水準であっても、ファンドなどの大規模な現金を動かせる投資家であれば、そこから生み出される運用益の金額自体が大きいので投資先としては成り立ちます。

①から④までを踏まえると、どのくらいの自己資金を入れれば、不動産投資をするメリットが出てくるでしょうか。

それは、他の運用商品のIRRを計算することで比較ができます。先ほどの投資商品におけるIRRを計算してみましょう。

税引後元利合計は、【図4-4】の通りです。図表の数字は、お金の出入りを税引後で示したものです。

IRRは5.5％でした。

図4-4　利回り5.5%の投資商品のお金の出入り

投資初期	▲51,000,000
1年目	2,235,164
2年目	2,333,119
3年目	2,435,368
4年目	2,542,111
5年目	2,653,520
6年目	2,769,816
7年目	2,891,207
8年目	3,017,917
9年目	3,150,180
10年目	3,288,250
11年目	3,432,361
12年目	3,582,784
13年目	3,739,815
14年目	3,903,711
15年目	55,074,797
IRR	**5.5%**

同じIRRをケーススタディ7の自己資金割合で見ると、自己資金割合32.69％（物件金額に対しての融資割合70％）が6.52％で、かなり近い数字となります。

先ほども述べたように、年利5.5％で運用できる投資商品は、かなりよい投資先だと言えます。自己資金30％程度の不動産投資であっても、同等の投資パフォーマンスを発揮します。

結果として、一定の自己資金を投下した場合でも、他の投資・運用先より高いパフォーマンスが出る可能性があることがわかりました。

不動産投資の場合、自己資金30％程度まではかなり良好なパフォーマンスが出せると言えます。融資が厳格化するなかでも、自己資金を投じて不動産投資をする方々がいるのは、こうした理由があるからです。

収益確保か？ 節税か？ キャッシュフローの重要性は目的によって変わる

ここまで、「投入した自己資金に対し、どれだけのキャッシュフローが得られるのか？」ということを物差しにして、収益不動産の投資効率を検証してきました。

ただし、キャッシュフローの重要性は、投資の目的によっても大きく変わります。

ここまで繰り返し述べてきたように、相続税評価額の圧縮や、自社株評価を下げるといった税金対策・資産保全が主な目的であれば、キャッシュフローだけにこだわる必要はありません。

もちろん、安定的な収益の確保とともに、節税もできるような投資戦略が立てられれば申し分ありませんが、すべての目的を同時にかなえるのは容易なことではないでしょう。

たとえば、東京都心部の一棟マンションは、賃料相場と比較して物件金額が高いので利回りは低くなり、融資を受けて購入するとキャッシュフローを得ることは難しくなります。しかし、市場価格と相続税評価額の差が大きくなるので、節税メリットを享受することが可能です。

都心部の一棟マンションは人気が高く、値下がりリスクが低いので、景気上昇局面では値上がりも期待できます。資産保全目的で現金を不動産に変えるのなら、こうした物件もお勧めでしょう。

このように、キャッシュフローだけにとらわれず、目的に応じて投資戦略を考えることが大切です。

低い金利で借りることが不動産投資の目的ではない

キャッシュフローや投資効率を考えると、金融機関から借入をする際に「融資期間を長くすること」は基本中の基本です。

第2章でも述べた通り、高い借入金利でも、融資期間を長くすればイールドギャップを大きく取ることができ、キャッシュフローが回りやすくなるからです。

もちろん金利は低いに越したことはありませんが、あまりにも低金利にこだわりすぎると、投資の幅が狭くなり、購入できる物件の選択肢が少なくなってしまいます。

たとえば、この本を読んでおられるオーナー経営者や元経営者のように、十分な金融資産を持っている方は、金利1%以下という好条件で融資を受けることも可能です。ただし、メガバンクなどの融資審査を通って金利1%以下の融資が受けられるのは、いわゆる"きれいな物件"、たとえば法定耐用年数が十分残っているRC造のような物件です。

しかし、そうした物件は総じて低利回りとなります。相続対策や、当座のキャッシュフローに重きを置かない投資を希望される方ならこうした物件でもよいのですが、本業の事業とは異なる収益源の構築を目指す経営者・事業法人や、会社を売却したあとの資産を活用してキャッシュフローを得たい元経営者の方にはあまりお勧めできません。

不動産投資の目的は、借入金利を抑えることではありません。

「借入金額」「金利」「期間」を考慮に入れて融資を受け、投資効率のよい物件を購入する。そして税引後CFの最大化を図ったうえで複数棟購入し、目標の達成を目指す。これが、本来の目的であるはずです。金利のみにこだわり過ぎると投資の幅を狭め、目的達成から遠のいてしまいかねません。

事実、私自身オーナー経営者ですが、収益不動産を購入する際に借り入れる不動産投資ローンの金利は、1%以下の金融機関もあれば、3%台のところもあります。

物件によってローンの使い分けを行っており、どの物件も潤沢にキャッシュフローを生んでくれています。

第5章

安定収益を実現する物件運営の極意

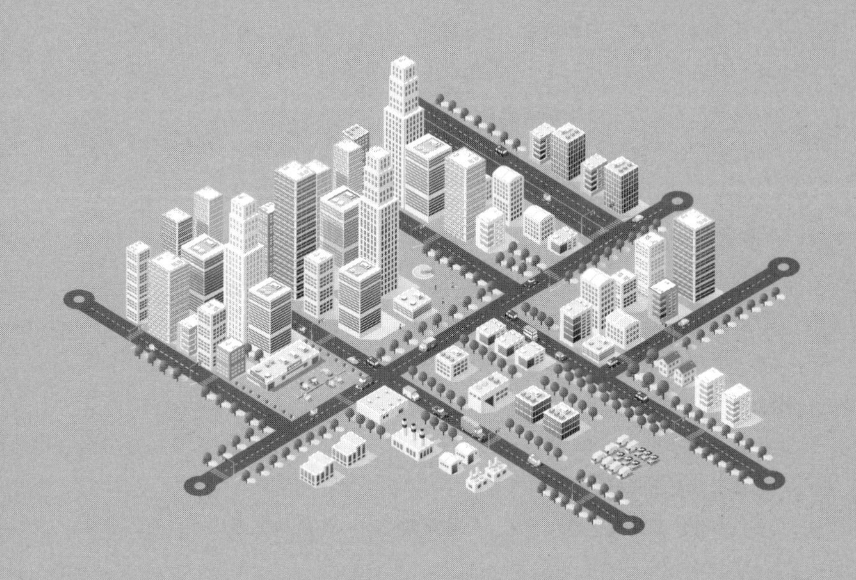

「不動産投資は経営」どうやって賃料を上げ、費用を抑えるかがポイント

前章までで、不動産投資の初期設定のうち、「物件選び」と「ファイナンス戦略」について説明してきました。どんな物件を選ぶか？ いかに有利な条件で資金を借りるか？ ということの重要性がご理解いただけたのではないかと思います。

では、これらの初期設定がうまくいけば、不動産投資の成功は約束されたと言えるのでしょうか？

答えは「NO」です。なぜなら、有利な条件で借入ができて、いい物件を買ったとしても、その時点では、まだ投資のスタートラインに立ったにすぎないからです。

物件の取得後に重要となるのは、その物件を「いかに運営していくか？」ということ。株式投資の場合、株を買ってしまえば、あとは相場の動きに身をゆだねるしかありませんが、不動産投資は事業なので買った後の運営次第で収益が上がるかどうかが決まるのです。

逆に言えば、運営をしっかり行わないとせっかくの収益力が下がってしまうのです。この点が、買ってしまえば、あとは何もする必要が無い（できない）株式投資と不動産投資の大きな違いです。

ひと言で言えば、不動産投資は経営です。

オーナー経営者の方なら、「どうすればもっと売上を伸ばせるのか？」「費用を抑えられるのか？」ということを日々、考えておられるでしょう。同じように不動産投資でも、売上（賃料）を上げ、コスト（諸経費）を抑えるための創意工夫が求められます。

また、不動産賃貸を始めると、入居希望者からの賃料交渉にどう対応するのか、部屋の内装や間取りがちょっと古いけれどフルリノベーション工事をすべきかどうかなど、判断に迫られる局面が何度も訪れます。これも、事業における経営判断とまったく同じです。

そう考えると、「不動産投資は経営である」ということの意味が、よくおわかりいただけるのではないでしょうか。

ただし、事業経営と不動産投資には違いもあります。最大の違いは、実際の事業運営の大部分をアウトソーシングできる点です。

詳しくは後述しますが、賃貸経営にまつわる専門的な問題について物件所有者がすべて判断するのは、かなり大変です。

そこで、賃貸管理を任せられる不動産会社・管理会社が存在するのです。

こうした会社をいかに活用し、入居者にとっての「物件の魅力」をいかに高めていくかが、不動産投資の成功を大きく左右します。

煩わしい管理運営は専門家に任せ、所有と経営を分離する

終戦直後や高度経済成長のように人口が増加していた時代は、住宅が不足していたので、空室リスクはそれほど気にする必要がありませんでした。

ところが日本は2000年代に入って人口減少時代に突入し、「空き家問題」が深刻化するなど、住宅の供給過剰にも陥っています。

現在は、募集をかけるだけで入居者が集まるような時代ではありません。

取得した物件を満室の状態に保つためには、戦略的なリーシング（入居者募集）活動、費用対効果を考慮したリフォーム計画、そもそもの初期段階の購入物件の選定や、節税（タックスマネジメント）など、さまざま経営戦略を練る必要があります。繰り返しますが、不動産投資は経営なのです。

経営面の努力を怠ると、たちまち収益が悪化し、投資の成果が上がらなくなります。

会社を存続し、発展させるために経営面でのマネジメントが求められるように、不動産投資においても適切な経営戦略が不可欠なのです。

どんなに利回りが高く、立地のいい物件を購入できたとしても、その後の管理運営をしっかり行わなければ、期待する投資成果は得られません。だからこそ物件購入後の管理運営はとても重要なのです。

幸いなことに、不動産投資には管理運営を外注に任せられる体制が整っています。

信頼できるパートナー（不動産会社・管理会社）を味方につけて、保有物件の管理運営を委託すれば、あとは自動的に所得が入ってくる仕組み（＝お金を生み出す装置）を構築できるのです。

では、不動産の管理運営とは、具体的に何をするのでしょうか。

それを説明する前に、まずは賃貸管理の形態から見ていきましょう。

不動産管理には、物件を「自主管理」する形態と、管理を「外部（管理会社）に委託」する形態の2種類があります。

自主管理とは、その言葉通り、保有する収益不動産を自分で管理する形態のことです。

会社を売却した元経営者や土地オーナーなど、時間的に余裕のある方なら可能かもしれませんが、現役で会社を経営しているオーナー経営者が忙しい本業の傍ら、自分で物件を管理するというのは現実的ではありません。

私も会社員時代、働きながら保有物件の自主管理にチャレンジした経験がありますが、「二足のわらじを履くのは到底、無理だ」と実感し、すぐに諦めてしまいました。

不動産管理業務は多岐にわたり、高度な専門性も要求されますから、素人が本業の片手間に行うというのは現実的でありません。すべてを自主管理でこなしていくのは、かなりハードルが高いと言えるでしょう。

自主管理の利点を挙げるとすれば、管理会社への管理手数料がかからない点くらいでしょうか。

コストを抑えるために自分で管理しようとすると、「実業と違って、手間なく投資・経営ができる」という不動産投資のメリットも失われてしまいます。

これに対し、管理会社に物件管理を委託することのメリットは明確です。

管理会社に任せてしまえば、物件所有者の手間は一切かかりません。多少手間がかかることと言えば、管理会社からの運用レポートや入居者募集活動報告の確認、リフォーム提案に対して実行するかどうかの判断ぐらいでしょうか。

管理会社に物件の管理を委託するというのは、株式会社における「所有と経営の分離」と同じことです。

物件の所有者は、全株式を保有する株主と同じによる最終的な経営判断だけを行い、その判断に基づいて外部のプロフェッショナル（管理会社）が物件所有者の利益を最大化するために実務を代行します。

「どの管理会社に委託するのか？」というパートナー選びさえ間違えなければ、物件所有者は貴重な時間を奪われることなく、安定収入を得られます。

そのため、不動産投資では「いい管理会社を選ぶ」という初期設定も非常に重要になってくるのです。

賃貸管理の方法は一般管理とサブリースの２択どちらがお勧めか？

外部の管理会社に物件の管理を委託する場合も、その形態は大きく2つに分かれます。1つは「一般管理」、もう1つは「サブリース」です（【図5-1】参照）。

図5-1　サブリースと一般管理の比較表

	サブリース	一般管理
メリット	・空室の有無にかかわらず保証された借上賃料を受け取れる ・賃貸管理の煩わしさが無い	・最小限の費用を管理会社に支払えばよく、利益を最大化しやすい ・賃貸管理の煩わしさが無い（サブリースと同じ）
デメリット	・管理会社（サブリース事業者）に支払う費用が高額 ・共益費を受け取れない ・借上賃料は数年に一回減額になる（契約期間は30年など長期だが借上賃料は必ず減額になる）	・空室発生により賃料収入に変動が生じる

一般管理とは、管理会社に賃料の3～5%程度の管理手数料を支払うことで、すべての管理を丸ごと代行してもらうサービスです。

管理の手間が一切かからないことが最大のメリットで、オーナー経営者なら、本業のビジネスに専念することができます。

一方、サブリースは、管理会社が物件所有者から建物を一括で借り上げたうえで、賃貸管理をすべて引き受ける形態です。

一般管理と同様に、物件所有者は管理業務に煩わされることがなく、実際の空室の有無にかかわらず一定の賃料収入が保証されるというのがメリットだとされています。

ただし「一定の賃料収入が保証される」というのは、やや正確性を欠く情報です。より正確に言えば、賃料収入のうち、実質10〜20%をサブリース手数料として事業者に支払わなければなりませんし、必ず数年おきに、サブリース事業者から物件所有者に対して賃料の減額交渉が行われます。

この仕組みだと、物件の競争力が高く、最も高い賃料が取れる新築時であっても、サブリース事業者に利益の1〜2割を取られるので、物件所有者から見ると機会損失になってしまいます。

新築時は、さほど苦労することなく入居者を確保できるので、高い手数料を払ってまでサブリース契約するメリットはほとんどありません。新築時にもかかわらず入居者がつかないのであれば、そもそもの賃貸経営計画が間違っていることになります。

サブリースで特に問題なのは、先ほども述べたように、数年おきに賃料の減額交渉が行われることです。

仮に30年間のサブリース契約を交わしたとしても、その間、同額の賃料が入ってくるわけではなく、周辺の賃料相場に合わせて借上賃料は減額していきます。数年ごとに減賃交渉が入ることや、条件が合わなければサブリース契約が解除になる場合もあるといったことを、サブリース事業者側から物件所有者に対してきちんと説明していないケースが多く、トラブルの原因となっているようです。

なかには、あえてこれらの説明を行わず、「契約期間中、一定の賃料収入が保証される」かのように誤解させて契約を取り付ける悪徳なサブリース事業者もいます。

そうしたトラブルを排除するため、2020年12月にサブリース新法が施行されたとはいえ、物件所有者が思考停止に陥るような営業トークは今でも展開されているようです。リスクをゼロにできるかのような甘い説明や、将来のリスクが伏せられたストーリーには注意が必要です。

そもそも、サブリースという仕組みが始まったのは1980年代のことです。この時代は日本経済が急速に成長して人口も増えており、需要に対して賃貸住宅が不足していました。そういう背景からサブリース事業者としてもサブリース契約で逆ザヤになるリスクは低く、物件所有者にもある程度儲けがもたらされたからこそ、成り立っていた部分もありました。

しかし、賃貸住宅が溢れ、人口も減少フェーズに入ったいま、同じやり方でうまくいくはずがありません。

私が推奨しているのは一般管理です。

一般管理なら、管理会社に依頼をすれば入居付けや賃料の受け取りをはじめ、入居者からのクレーム管理、建物のメンテナンスといったすべての管理業務を行ってくれます。物件所有者が行うことと言えば、空室が発生した際にどういう条件で募集するか、修繕を行うか否か、といったことの判断ぐらいです。

それも、管理会社からの提案に対してYES or NOで答える程度ですので、さほどの手間はありません。

一般管理には「仲介管理混在型」と「管理専業型」がある

一般管理について、少し補足説明します。

一般管理とは、「管理会社」と呼ばれる事業者に物件の管理を委託することですが、管理会社はその業務構造によって、「仲介管理混在型(以下、混在型)」と「管理専業型(以下、専業型)」の2種類に分かれます(【図5-2】参照)。

図5-2　混在型と専業型の違い

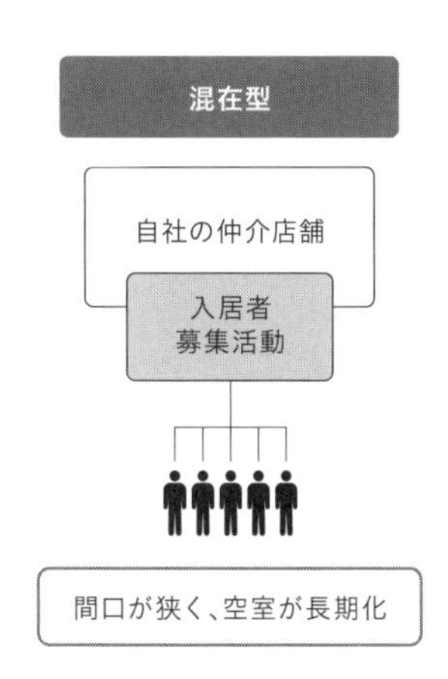

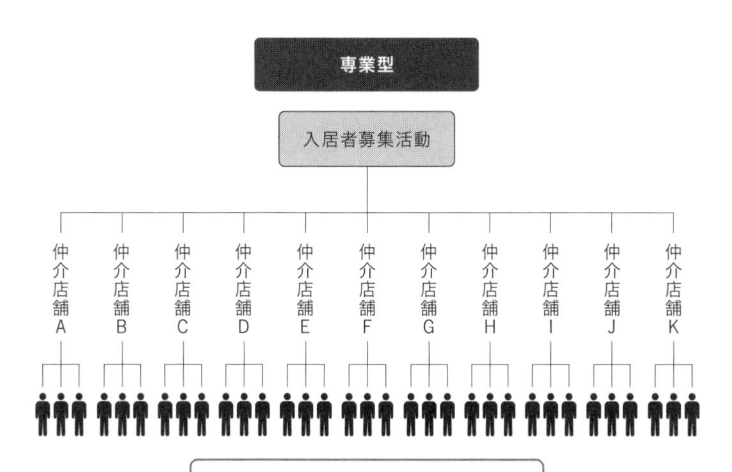

自社で賃貸仲介店舗を構えながら賃貸物件の管理を行うのが混在型で、自社仲介店舗を構えず、物件管理業務に特化しているのが専業型です。

物件所有者の立場からすると、混在型にはかなり問題があります。なぜなら、管理会社が物件所有者と入居者の両方を顧客にする形となり、利益相反の構図を生んでしまうからです。

物件所有者はなるべく高い賃料で貸したいと考えますが、入居者はなるべく安く借りたいはずです。混在型の管理会社が両者の間に立つということは、相反する双方の利益を両方、最大化しなければならず、それは物理的に不可能です。裁判に例えると、原告側と被告側の弁護士が同じということです。これで公平な調整ができるはずはありません。

米国の不動産業界では、基本的に物件所有者側と入居者側が同じエージェント(仲介会社・管理会社)であることは法律で禁止されています。

この他、混在型の管理会社は自社管理物件の入居者募集に関する情報を、競合他社(同様の混在型管理会社や賃貸仲介専業会社)に提供するインセンティブが弱いという問題も抱えています。なぜなら、入居検討者獲得競争において他社はライバルであり、自社経由で入居を決めてこそ利益が最大化されるからです。

彼らにとって、空室情報は商品なので当然ですが、なるべく多くの賃貸仲介会社に情報を流し、早く入居者を決めたいと考える物件所有者にとっては不利益になります。結果、自社の店舗に来店する限られた人だけに情報が提供されるため、入居者決定まで時間を要することになってしまうのです。

一方、専業型の管理会社は、直接的に賃貸仲介業務は行いません。賃貸仲介店舗を設けず、物件所有者の代理人として、その物件の最寄り駅や沿線沿いにある多数の賃貸仲介店舗に入居者募集を依頼する形を取ります。その他、賃料回収などの既存の入居者管理や原状回復・メンテナンスといった建物管理も並行して行います。

特に大きな違いは、混在型に比べて「物件所有者の代理人として仕事をする」という性格が強い点です。

たとえば入居者募集においては、仲介手数料を得ることに固執しないので、物件が立地するエリアのすべての賃貸仲介会社に物件情報を流通させ、広い間口で募集をかけます。その結果、入居者は早く決まりやすくなります。

賃料交渉などが入った場合にも、専業型の管理会社は物件所有者側の代理人・エージェントとして、入居検討者側のエージェントである賃貸仲介会社と交渉を行います。より「物件所有者の利益を守る」という立場で動いてくれるわけです。

では、必ず専業型を選ぶべきなのかと言えば、それは物件の所在エリアによります。都市部では専業型をお勧めしますが、地方では混在型のほうがよい場合もあります。

都市部には多数の賃貸仲介会社があるので、各社に広く情報を行き渡らせることが空室対策に有効です。そのためには、数多くの賃貸仲介会社のネットワークを持っている専業型を選んだほうがよいでしょう。

一方、地方は賃貸仲介会社が少なく、一部の混在型管理会社がその地域で高い賃貸仲介シェアを握っているため、専業型は不利であると言えます。

また、専業型を選ぶにしても、どの会社でもよいというわけではありません。大事なのは、物件所有者の資産全体に対して提案・助言をする「アセットマネジメント」の視点を持つ会社を選ぶことです。

特にオーナー経営者や元経営者の方は、不動産以外にもさまざまな資産をお持ちです。そうした全資産の最適なポートフォリオや、資産ごとの運用方法をアドバイスしてくれる会社が望ましいと言えます。

同じ専業型でも賃貸管理のみに特化した「プロパティマネジメント」が得意な会社もあれば、それよりも広い視点で取り組む「アセットマネジメント」タイプの会社があります。

たとえば、老朽化して空室のある保有物件があるとします。物件収益の最大化を目指すプロパティマネジメント型の管理会社の場合、少しでも早い修繕を勧めて、入居者を決めようとするでしょう。もちろん、この提案自体は決して間違ってはいません。

これに対し、アセットマネジメント型なら、管理を請け負っている物件の所有期間が来年になると5年を超えるので、売却時の税負担が抑えられる長期譲渡所得（211ページ参照）が適用できるということを知っていて、「今50万円かけて修繕するよりも、年を越してから売却しましょう」と提案するかもしれません。目先の利益だけでなく、より長期的な視野に立った投資助言が期待できるわけです。

この他、同じ物件を長く持ち続けるよりも、入れ替えによって減価償却を取るといった節税のアドバイスもしてくれるはずです。しかも、ただ提案をするだけでなく、入れ替える物件の候補選びや、売却・購入といった実務まで行ってくれるのが、一般的な資産運用コンサルタントとの大きな違いです。

さらに、アセットマネジメント型の管理会社は、不動産投資だけでなく、資産運用全般のアドバイスを行ってくれるケースが多いものです。

物件所有者からすると、収益最大化を追求するプロパティマネジメント型の管理会社は、頼もしいパートナーに違いありませんが、資産運用全体をサポートするアセットマネジメント型の管理会社のほうが、物件所有者の長期的な人生の目標に寄り添ってくれるので、なおさらありがたいはずです。

不動産投資はあくまでも資産運用や節税のための手段であり、目的ではありません。目的をよく理解し、適切なアドバイスや実務支援を行ってくれるアセットマネジメント型の管理会社を選ぶことをお勧めします（当社もアセットマネジメント型の賃貸管理サービスを関東圏・関西圏・中京圏で提供しています。今後、全国主要都市に展開予定です）。

収益アップを目指す！満室経営を実現するための4つの基本原則

混在型の管理会社を選ぶにせよ、専業型の管理会社に依頼するにせよ、賃貸経営の成否を分けるのは、「入居付け（リーシング）」と呼ばれる入居者の募集です。

実際に入居者募集を行うのは管理会社ですが、満室経営を目指すうえでは物件所有者も入居付けの基本は頭に入れておくべきです。仕組みを理解していてこそ、管理会社をうまく使えます。

満室経営の基本原則は、「幅広い周知活動」「賃貸仲介会社との密なリレーション」「適正相場賃料での募集」「競争力のある間取り、清潔感のある部屋づくり」の4つです。

満室経営のための基本原則① 幅広い周知活動

入居者募集をスムーズに進めるために必要なのは、1つでも多くの賃貸仲介会社に物件情報を提供すること。つまり幅広い周知活動です。

最低限の周知活動として、国土交通大臣の指定を受けている全国4つのエリアの不動産流通機構が運営する「レインズ」や、アットホーム社が提供している「ATBB（アットホームビジネスベース）」などに物件情報を登録することが大切です。

本書の読者は経営者の方が多いと思いますので、インターネットマーケティングにおいてはSEO対策（検索エンジンで、自社や自社製品・サービスのウェブサイトを上位表示させる対策）が重要だということは、多くの方が納得していただけると思います。

近年、入居者募集においても、この考えはとても重要になってきています。

入居者募集におけるSEO対策とは、賃貸仲介会社の担当者が見るレインズやATBBなどの業者専用ポータルサイト内で、物件情報検索時に上位表示させたり目立つようにしたりする施策です。

この施策は、管理会社によるノウハウがモノを言う領域となっており、ノウハウの有無によって管理会社ごとの入居率に大きな差が出てきているのが今のトレンドです。

この他、「マイソク」と呼ばれる物件概要をまとめた資料や空室一覧表を、定期的に賃貸仲介会社にファックスやダイレクトメールで送信し、加えて直接の訪問や電話などで情報を伝えます。これによって、賃貸仲介会社を訪れた人のなかから、入居希望者が現れる可能性が高まるわけです。

こうした情報発信の活動は、先ほども述べたように、混在型の管理会社よりも専業型の管理会社のほうが積極的に行ってくれます。

とはいえ、「専業型の管理会社に任せておけば安心」というわけではありません。各賃貸仲介会社に物件の存在をきちんと認知してもらい、入居希望者に「お勧め物件」として紹介してもらわなければならないからです。

賃貸仲介会社には日々、数多くの物件情報が回ってきます。情報が届いているからといって、きちんと認知されているとは限らない点に注意しましょう。物件所有者の皆さまが考えている以上に、賃貸仲介会社の一つひとつの物件に対する認知度は低いものです。

実際に賃貸仲介会社を回って担当者にヒアリングしてみると、「お勧め物件」として紹介してもらうことの難しさがよくわかるはずです。物件があるエリア・沿線の賃貸仲介会社に、物件の詳細と現在の空室数をきちんと認知してもらうようにする努力が、満室経営においては重要です。

満室経営のための基本原則②
賃貸仲介会社との密なリレーション

物件の管理を委託した管理会社が、賃貸仲介会社と密なリレーションを築いていることも、満室経営のための重要なポイントです。当社の取り組みをお伝えするとイメージしやすいと思います。

当社では名刺管理システムを導入しており、過去に名刺交換したすべての賃貸仲介会社の営業担当者に個別にメールやファックスで物件情報を提供しています（賃貸仲介の現場では今でもファックスを使っているところが多いのです）。

このような情報発信に加え、賃貸仲介会社を直接訪ねて情報を提供するほうが有効だと考えており、定期的な訪問を継続することで、きちんとした人間関係を築いています。業界的な傾向ですが、賃貸仲介会社の営業担当者の離職率は非常に高く、1、2年で担当者が全員変わっているということが普通にあります。よって定期的に訪問しておかないと良好な人間関係を維持することができないということです。

こうした地道なアプローチが、紹介する物件を入居希望者に優先的に薦めてもらうことにつながります。

同じように訪問活動を重視している管理会社は他にもありますが、当社ほど時間と労力を割いているところはないと自負しています。物件のあるエリアの賃貸仲介会社だけでなく、最寄り駅周辺や至近のターミナル駅、その沿線の会社にも積極的に足を運んでいます。

デジタル時代の今だからこそ、こうした地道な訪問活動は実を結ぶと考えています。というのも、不動産業界は人間関係が重視されがちな世界だからです。管理会社の担当者が賃貸仲介会社と真の信頼関係を築いていれば、自ずとその担当者が扱う物件の優先度は高まると私は考えています。

レスポンスの速さも、賃貸仲介会社の担当者と人間関係を築くためには非常に重要です。当社の入居付け担当者は、電話が鳴ったらすぐに出る、問い合わせ事項にすぐ返答するなどに気を配っています。

賃貸仲介会社の営業担当者の多くは給与が歩合制なので、入居希望者を物件へと案内する際、「決まりそうな時は、なるべく早く決めてしまいたい」と思うものです。

「あと賃料が2,000円安かったら決めたい」「設備として付いているエアコンさえ古くなければ最高なのに」といった入居希望者の条件や要望を聞き、すぐに管理会社に確認を取って承諾をもらえるかどうかが、彼らの契約成約率に直結します。そうした問い合わせにタイムリーに答えられるように、いつでもすぐに電話に出られるようにしているわけです。

この他、賃貸仲介会社向けのポータルサイトを用意し、当社の管理物件業務システムと連携させることで、仲介会社の営業担当者がつねに最新の空室状況と募集条件、成約時に賃貸仲介会社に支払われる広告料などをスマホやパソコンで確認できるようにしています。

賃貸仲介のために必要な書類のフォーマットもダウンロードが可能で、さらに、このポータルサイトには入居申込の際の入力フォームもウェブで完結できる仕組みとしており、申込から入居審査までをダイレクトに行うことができます。スピード感を持って契約をクロージング（成約）まで持っていける便利なツールです。

賃貸仲介会社に優先的に扱ってもらえるようになるための努力は、管理会社だけでなく、物件所有者にも求められています。

具体的には、彼らが最も望んでいる売上をなるべく多くしてあげることが、物件情報を優先的に扱ってもらうためのポイントとなります。

賃貸仲介会社の売上とは、仲介手数料と広告料です。このうち仲介手数料では差別化を図ることが難しいため、カギを握るのは広告料でしょう。

広告料とは、賃貸仲介会社が入居希望者を物件に案内し入居付けを行うサービスに対して、物件所有者が支払う費用のことです。

この広告料を多く支払えば、賃貸仲介会社がやる気を出してくれるので、入居付けが有利になることは言うまでもありません。

とはいえ、広告料は多く支払えばいいというものでもありません。広告料を1ヵ月分多く支払うことと、空室が1ヵ月長期化することではどちらが得なのか、といった費用対効果をきちんと考えて金額を決めたほうがよいでしょう。

通常、入居者が決まった際に物件所有者が支払う広告料は、その一部を管理会社が受領しますが、なかには当社のように、受け取った広告料の全額を賃貸仲介会社に支払う管理会社もあります。受け取れる金額が増えれば、その管理会社から紹介された物件の優先度は高まります。
「早く入居付けを決めたい」という物件所有者のニーズに応えるため、当社はあえて、広告料の一部を受け取ることはしていません。

満室経営のための基本原則③
適正相場賃料での募集

大型書店に行くと、中古収益不動産の空室対策や満室経営に関する本がずらりと並んでいます。そうした本のなかには、室内のフルリノベーションやデザイン性を重視したリフォームを提唱するものもありますが、これは必ずしも正しい方法とは言えません。

物件の見た目をよくし、部屋や設備のグレードを高めたとしても、工事費用を早く回収しようとして賃料が周辺の相場から大きくかけ離れてしまうと、入居者が決まる可能性は限りなく低くなるからです。

同じエリアの同じような物件であれば、賃料の相場は自ずと決まってきます。たとえば、間取りや面積、駅からの近さなどがほとんど同じ物件の相場賃料が15万円前後だったとします。にもかかわらず、ハイスペックな設備を入れ、その工事費用を上乗せして賃料を25万円にせざるを得なくなったとすれば、相場から大きく外れるため、なかなか入居者は決まらなくなってしまいます。過分な設備を入れたことで、逆に空室リスクが高まるのです。

では、適正な相場賃料を知るためには、どうしたらよいのでしょうか。最も簡単な方法は、賃貸物件のポータルサイトをチェックすることです。取得した物件と同じエリアにある、似たような条件の物件の情報を見れば、大まかな相場賃料が把握できます。

ただし、インターネットの情報は、あくまでも物件を貸す側の希望賃料（募集賃料）であって、入居者が希望する賃料ではないことは頭に入れておきましょう。あとは、なるべく長期間募集したままになっていない物件や、空室が一室だけといった物件の賃料を参考にするのがお勧めです。

「実際にいくらで賃貸されているのか」という成約価格の把握も欠かせません。レインズやATBBには成約事例が登録されている場合もありますが、情報が古かったりします。より確実なのは、賃貸仲介会社の営業担当者や管理会社に聞くことです。経験が豊富で、実際に現場を見ている営業担当者は生の情報を教えてくれますし、管理会社は賃貸経営の採算性も考慮したうえで適切な成約価格をアドバイスしてくれます。

その際、エリア内における適正な相場賃料だけでなく、入居者が決定した際の平均的な広告料も聞いておくとよいでしょう。

満室経営のための基本原則④
競争力のある間取り、清潔感のある部屋づくり

以上の3つの原則から、満室経営をするためには、いかに賃貸仲介会社との関係性づくりが重要であるかということが、よくおわかりいただけたのではないかと思います。

とはいえ、物件そのものの魅力や競争力が十分に備わっていなければ、どんなに管理会社や賃貸仲介会社が頑張っても、成約に漕ぎ着けるものではありません。最終的に「ここに住みたい」と決断するのは、入居検討者だからです。大切なのは、賃貸物件を探している人の目線も十分に考慮して物件選びやリフォームをすることです。

まず重要なのは、部屋の間取りです。

いちばん大切なことは「狭すぎる間取りは避ける」こと。新築、中古を問わず共通することですが、1部屋当たりの面積が狭すぎる物件は避けたほうがよいでしょう。

地域によって異なりますが、東京都心部では20㎡以上、関東圏・関西圏などの都市圏で25㎡以上、地方都市では30㎡以上が1つの目安になります。

原則、1部屋当たりの面積は後から変更できません。中古物件であれば2つの隣り合う部屋を合体させて広くする方法もありますが、工事費用が高額になりますし、建物の構造によってはそれもできないケースもあります。

近年は土地値や建築原価の高騰などの影響で、開発事業者や不動産投資家の収支を成り立たせるために、新築物件では1部屋当たりの面積が減少傾向にあります。15〜17㎡という狭小の面積にして開発事業者がなんとか利益を出そうとしていたり、土地から新築物件を開発する不動産投資家が少しでも見せかけの利回りを上げようとしているのです。

このような物件は、10年もしないうちに長期空室に悩むようになることが確実です。「広さは正義」ということはよくご理解いただきたいと思います。

間取りに関しては、1Rよりは1K、1Kよりは1DK・1LDKが入居検討者に好まれます。2LDK以上のファミリー向けの間取りは、賃貸市場での絶対数が少ないので新築でも中古でもお勧めです。ただし土地込みの新築物件でファミリー向けの間取りは、建物床面積あたりの賃料が取れず利回りが極めて低くなりますので現実的ではありません。

次に設備・仕様についてです。

物件の魅力を高めるため、設備や仕様を過剰にハイスペックにしようするのは不動産投資の観点からは考えものです。

建物を建てるアパートビルダーやハウスメーカーなどは、請け負う建築費を上げたいという思惑があるので、「満室経営を実現するために、できるだけいい設備を導入しましょう」と提案してくるものです。しかし割高な建築費は、物件の収益力を下げてしまいます。

高い建築費が仇となって返済計画が破綻し、任意売却案件として当社に回ってきた物件は複数あります。そうした物件は、抵当権を見ると融資条件もある程度わかるのですが、物件金額と融資条件の両面において、初期設定の段階から収支の厳しい計画であることがうかがえました。

建物や設備のグレードはもちろん大切ですが、より大事なのは、清潔感やぱっと見た時の印象です。なぜなら賃貸住宅に住もうと考えている人は、自分で購入するわけではないため、5〜10分程度の内見で物件の良し悪しを見極めようとするからです。

また、時代の変化に耐えうる普遍的なデザインや設備の導入を心掛けることも重要です。

たとえば、浴槽とトイレ、洗面台が1つにまとまった「3点ユニットバス」。かつては「欧米のホテルのような設備」として人気が高く、賃貸住宅の定番設備でしたが、今では古臭い設備の代名詞となってしまいました。一方、流行り廃りが早そうなキッチンですが、実はこの10年ほど、人気のあるデザインや素材にほとんど変化は見られません。

賃貸住宅の設備に関しては、なるべく流行り廃りのないものを採り入れるのが望ましいと言えます。そのほうがニーズの変化によって入居付けが困難になったり、流行りに合わせて何度もリフォームを繰り返したりするデメリットを排除できるからです。

逆張りの発想で、10人のうち9人は入居したがらないけれど、1人からは熱烈に愛されるようなニッチを狙う方法も無いことはありませんが、それを1棟目から選ぶのはややリスクが大きいかもしれません。

収益不動産の室内は「見た目」が最も重要ちょっとした工夫が効く

ここでは、投資効率を考えたリフォームの具体例を紹介します。

私が考える費用対効果の高いリフォームとは、同じ機能を持っているのであれば、とことん「見た目重視」のリフォームです。

先ほども述べたように、賃貸住宅を検討する人は、1部屋あたり5〜10分程度の内見で物件の良し悪しを見極めます。となれば、部屋の内装でいかに好印象を勝ち取れるかが、入居付けの確度を高めるポイントとなるはずです。

とはいえ、インパクト先行であまり奇抜になるのもいけません。バランスは非常に大切です。ターゲットによっては微調整も必要でしょう。

当社の実例を見てみます。

この物件のターゲットは、東京都内通勤圏で広めの部屋を希望する車所有の単身者、同棲カップル、生活保護者（2人以上の世帯）です。とにかくシンプルな色合いと、ワンポイント什器で安価に仕上げることを心がけました。

ポイントは、基本的に表面だけの施工に留めていることです。壁紙・床材の色は、広さを感じられるように膨張色の白をベースに一面のみアクセントを入れました。床は、長期的なメンテナンス・耐久性を考慮し、フロアタイルで施工しています。本物の木材フローリングと見違えるような仕上がりや高級感が出せ、同じ白ベースでもさまざまな木目調があるので、ターゲットに応じて材料を変えることができます。

当社では、近年キッチンを交換するケースが増えています。以前は交換すると高額になることから、扉面のみダイノックシートと呼ばれる硬質塩ビ製の模様がプリントされたシートを貼り、化粧直しをするのが主流でした。

今では当社で新築物件の開発も行っており、キッチンの物量も多いことから、自社オリジナルのキッチンをOEMで製造しています。最新機能を持ち、扉面もおしゃれなキッチンを安価で設置することができ、大変喜ばれています。

バスは耐水性ダイノックシートに長鏡という、ホテルでもよく採用されているリフォームを行いました。ちなみに、バスも当社の場合は格安で施工できるため、場合によってはユニットバスの総入れ替えも行っています。

また和室から洋室に変更する際には、木枠を白く塗装することが必須です。洋室“風”にならないようにするための工夫として、襖の枠も塗装します。

私は仕事柄、さまざまな空室を見ていますが、和室から洋室にリフォームしたのになかなか入居が決まらない部屋を見ると、枠塗装などの細かいところで施工のこだわりを怠っている印象を受けます（さらに天井が和室の木目調のままになっていることもあります)。

こうしてリフォームを行った結果、本物件は募集開始後1週間程度で申込みが入りました。機能面はしっかり満たしつつ表層や見た目重視で施工することで、工事費用を抑えながら入居付けで競争力を発揮できます。

ここまでリフォーム・住宅設備のポイントを説明してきましたが、新築物件の場合も考え方は同じです。

新築もハイグレードであれば、収益性が高くなるわけではありません。たとえば、外壁やエントランス、植栽を分譲マンションのようにしようとたくさんお金をかけても、賃料はさほど上がらないケースが多いので注意が必要です。建築の初期費用や維持費用がかかる分、コストパフォーマンスが低下します。

新築の場合、見た目はもちろんですが、建物の耐久性や内装など、入居者に長く住んでもらうことに資する部分の施工が重要です。ご自身で研究しながら、信頼のおける管理会社・施工会社を探しましょう。

ビフォー

アフター

ビフォー　アフター

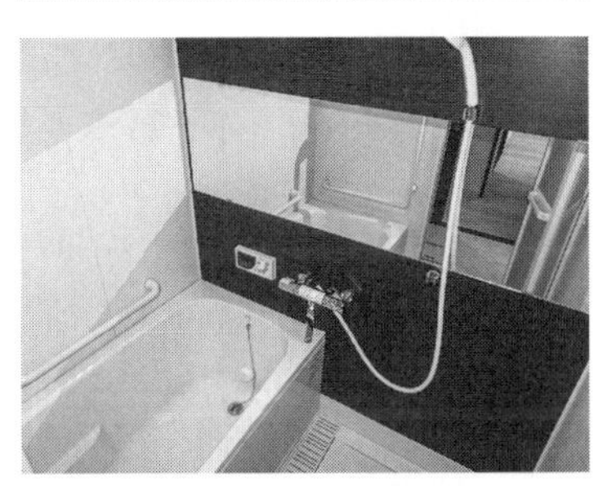

地味だけど非常に重要 各種法定点検を実施している管理会社を選ぶべき理由

賃貸アパート・マンションのなかには、消防設備点検・受水槽清掃点検などの法定点検を数年以上行っていない物件が少なくありません。個人所有による自主管理物件だけでなく、管理会社の管理物件や不動産会社所有の物件でも点検未実施の物件は多いです。

では、なぜ消防設備点検・受水槽清掃点検は、あまり行われないのでしょうか。理由は3つあると考えています。

①法定点検の必要性をそもそも認識していない
②コストがもったいないので点検したくない
③小規模な一般共同住宅に対しては行政の監視が甘いので点検しない
※未実施でも指導が入らないことも多い

①は、自主管理している物件に多いです。以前、当社が取引した物件は、売主に法定点検の認識がなかったのか、消防設備の不具合について行政から指導が入っていたにもかかわらず、1年以上放置していました。

②が理由で実施しないのはコンプライアンス的にアウトなのですが、③も未実施の事由に大きく影響しているはずです。法律で点検は義務化されており、罰則規定も明記されています。監視が甘いからといって油断すると後で痛い目をみるでしょう。

たとえば、点検の未実施、または虚偽の報告をした場合は、消防法によって罰金または拘留が科せられます。消防法違反が原因で火災が起こって死傷者が出た場合、法人に罰金を科せられる罰金は最高1億円です。

2001年9月に44人の死者を出した東京新宿歌舞伎町ビル火災では、ビル内の避難通路の確保が不十分ということで、ビルオーナーと管理会社に民事・刑事訴訟で執行猶予付きの有罪判決が下っています。

一般住宅においては、アパートであれば消火器の点検程度、マンションであっても自動火災報知器・避難器具の点検で済みます。費用も年間3万～10万円ほどですし、何より物件の所有者としてコンプライアンス遵守の姿勢が求められている点を忘れてはいけません。消防設備点検・受水槽清掃点検を実施するかしないかを物件所有者側にゆだねている管理会社もありますが、当社では各種法定点検は管理を受ける際の条件としています。不動産投資は利益を求めることが最大の目的ですが、物件所有者としての法的義務を果たしていることが大前提です。

保証会社への加入は必須！ 引き継いだ入居者からの賃料回収は第一印象で決まる

不動産投資で、空室とともに問題の二大巨頭と言えるのが、賃料の滞納です。滞納するのはひと握りの入居者だろうと思うかもしれませんが、当社の管理物件の場合、滞納が常態化はしていないものの、5%ほどの入居者が賃料の振り込みを期日通りにしない傾向があります。ただ、「うっかり忘れていた」という理由がほとんどのため、連絡を入れればすぐ振り込んでもらえます。

一般的には2～3%ほどの入居者が滞納するといわれており、戸数100戸の大規模マンションの場合、2～3人の滞納者が常に存在することになります。

この滞納問題、実は空室よりも厄介です。税務会計上、賃貸経営では入居者と賃貸借契約を締結している時点で売上が立ち、賃料を回収できない場合は未収金に計上されます。

経営者や元経営者の方々ならご存じのように、未収金とは、商品やサービスを提供し、それに対する対価の支払いを受けていない債権のことです。お金を回収していないにもかかわらず帳簿上は売上となります。

売上になるということは、経費を控除したうえで税が発生するということです。日本には借家人や借地人を保護する目的でつくられた借地借家法という法律があるため、実務上立ち退き訴訟をするにしても3ヵ月以上の滞納実績がなければなりません。訴訟を起こし、強制執行までもつれ込んだ場合、立ち退きが完了するまでに滞納開始から10ヵ月ほどはかかります。その間、本来は得られるはずだった賃料が回収できないうえ、訴訟費用、強制執行代がそれぞれ30万〜40万円は必要になり、1人の滞納者を退去させるために合計100万円近くの費用を負担しなければなりません。

さらに賃料が5万円だとすると、10ヵ月分の50万円が所得とみなされ、課税されてしまうのです。賃料は入らず強制退去にはお金がかかり、さらに税金まで支払わなければならない——。滞納は空室より悪質なのです。

当社が考える賃料回収対策は、以下の通りです。

まず、新規募集の際には賃貸保証会社の加入を必須にしましょう。そうすることで、仮に滞納が発生しても保証会社に賃料を立て替えてもらうことができます。それでも滞納が続く場合は、保証会社が入居者に対して立ち退き訴訟を起こしますし、その費用もすべて保証会社の負担となるため物件所有者としては安心です。

収益不動産をオーナーチェンジで取得した際、賃貸保証会社に加入・未加入の入居者が混在することもあります。長く入居している方や、前の管理会社が賃貸保証会社加入を条件にしておらず、連帯保証人を付けているケースなどです。このようなケースでは、物件所有者が変わったからといって入居者の費用負担で強制的に賃貸保証会社に加入させることは難しいでしょう。

オーナーチェンジで物件を取得し、入居者と接する際に大切なのは第一印象です。収益不動産の売買では、賃料が滞納あるいは遅延のまま取引されるケースがしばしばあります。通常、賃料は前払いが基本ですが、当月払いになっている状態を遅延といいます。放置しておくと、本格的な滞納になりやすい予備軍です。

売買の交渉のなかで、滞納・遅延の是正を条件にすることもできますが、現状のまま引き渡すことを条件にする売主もいます。当社が仲介取引で収益不動産を売買する際は可能な限り交渉をしますが、売主の意向を買主が了承する場合は滞納・遅延状態のまま取引を進めます。

このような物件を購入した際に大切なことは、滞納者・遅延者に対して「新しい所有者・管理会社は毅然とした対応をする」と印象づけることです。

1ヵ月程度の滞納や遅延であれば、貸主変更通知書の郵送時や架電（電話をかける）時、そして初月の賃料回収時の対応で、ほぼ正常の支払いサイクルに戻すことができます。

一般の入居者は、物件の所有者が変わることに対して不安を覚えます。特に滞納・遅延をしている人にとっては、「最悪の場合、追い出されるのではないか」と考えるはずです。この心理を利用し、所有権が変わってからの1～2ヵ月、滞納・遅延には断固たる態度で臨むのです。そうすれば、大部分の滞納は解消できます。第一印象は思っている以上に大切です。

当社の取り組みでは、自社内に保証会社の機能を内製化することで督促を強化し、保証会社未加入の方からの賃料回収を確実なものにしています。毎月月初に賃料を支払っていない入居者に一斉にショートメールを配信します。それでも数日で入金が無い場合は、書面による支払いの督促、および支払い架電を行います。あるいは現地に直接訪問し回収を図るのを2週間以内に行っています。

こういったきめ細やかで迅速な督促が賃料滞納を防ぐのです。

退去は出さないに限る 対応の早さで 入居者満足度を高めよう

不動産投資で安定した賃料収入を実現するため、退去はなるべく発生させたくないものです。では、実際に退去が出ると、どの程度の損失が発生するのでしょうか。

たとえば、1K 20㎡の中古物件に6年間住んだ方が退去した場合、原状回復費用は20万円くらいです。賃料5万円なら空室3ヵ月で15万円の損失ですし、広告料が2ヵ月分であれば10万円のコストがかかります。トータルの損失は45万円ですが、賃料9ヵ月分の損失と言い換えることもできます。かなり大きな損失と感じられるのではないでしょうか。

とはいえ、就職や転勤など、入居者都合による退去の防止は難しいです。減らしたいのは、物件所有者側・管理会社側に理由があり、入居者が不満に思い退去につながるケース。退去抑止策を実施することが重要です。

具体的には、入居者の対応をすぐに行い、不満を抱かせないのが鉄則です。当社の例で言えば、24時間365日対応のコールセンターによる対応があります。入居者からの要望や緊急を要するトラブルに対して、即日対応できる体制を整えているのです。これにより入居者の満足度が高まり、長期入居をしてもらいやすくなります。

他にも、関東圏や京都では更新料を徴収する習慣があります。更新料とは、賃貸借契約の期間が満了したあと、更新契約を締結する際に借主から貸主に支払われるお金のことで、これを嫌がり転居する人は少なくありません。「更新のタイミングで引っ越す」というパターンは身の回りでも聞いたことがあるはずです。

短期的な収益は落ちますが、退去抑止の観点から更新料を取らないという選択肢も一考の余地はありそうです。

どうしても更新料を取りたい場合、たとえば更新料を徴収するタイミングで入居者特典などを用意する手があります。更新時の退去率の高さに悩まれている方は参考にしてください。

不動産会社が不動産投資・賃貸経営のプロとは限らない

不動産会社の営業担当者から「必ず儲かる新築ワンルームマンションがあるので、投資しませんか」と言われたとします。「本当に儲かるのなら、当然あなたも購入しているのでしょう？」というのは多くの方が抱く疑問でしょう。

実際のところ、担当者のほとんどは新築ワンルームマンションを購入していません。

不動産会社およびその各営業担当者は不動産に関してあらゆる知識を有しており、不動産投資や賃貸経営に長けている印象を持つかもしれません。

あるいは宅建士の資格があれば、不動産に関して一定の知識は持っていると思われます。

では、不動産のプロである不動産会社や宅建士は不動産“投資”のプロでしょうか。実は、ほとんどが違います。不動産投資のノウハウと不動産会社に求められる知識は、まったく別ものだからです。

不動産取引における重要事項説明項目の調査や各種権利関係調査などは、どの宅建士でも実務経験があれば一定のレベルで対応できます。しかし、不動産投資に必要な知識レベルにはとても大きな個人差があります。物件を購入すべきかどうかの投資判断、賃貸マーケットの見極め、運用中の支出想定などは、宅建士だからといって全員が長けているわけではないのです。不動産取引のプロであることと、不動産投資で利益を出すことをサポートするプロであることは同義ではありません。

実力を測るには、その担当者や会社が実際に不動産投資を行っているかどうかが1つの目安です。多くの不動産業界関係者は不動産投資の経験を有していません。収益不動産を専門に扱う不動産会社であってもです。これは先ほど述べた背景以外に、歩合の割合が高い給与体系で働く人間の多い不動産業界人は、頭金がたくさん無いと投資用ローンがおりにくい事情もあります。

ともあれ、担当者に実体験が伴っていなければ、机上の空論と同じで、物件購入者の目線で物事を見ることができません。

たとえば、コスト感覚。収益不動産は、保有期間中にさまざまなコストがかかります。固都税や管理手数料などの他、排水管洗浄の実施期間、一定規模の共同住宅は特殊建築物扱いとなり別途法定点検が必要になるなど、実際に運用していなければわからないことも多くあります。

賃料収入だけでなくコストも加味しないと実際の利益は算定できないという感覚がないと「表面利回りが高いのでお勧めですよ」という話になりますが、実際には表面利回りには意味がなく、運営費用などを引いた総収益率が大切なことはすでに述べた通りです。身銭を切って不動産投資・賃貸経営を行っていると、運用中のコストが経験としてわかります。不動産投資をしておられるお客さまが実際に経験する事態を、身にしみて想像できるのです。

その他、賃貸経営での確定申告・決算の実体験があると無いのとでは、賃貸経営における税金の重さの理解度に大きな差が生まれます。ひどい場合だと、「不動産投資は節税になります」と説明する担当者に対して節税になる理由の詳細説明を求めても答えられない、というパターンすらあるようです。

私自身、収益不動産を活用した資産運用コンサルティング会社を立ち上げたのは、実際に投資をした結果、うまく物件を取得して運用し、税金を含めたトータルマネジメントによって資産を築いた体験があったからです。少しでも多くの方に、私と同じように不動産投資で成功し、経済的安定を得ていただきたいと考えました。

不動産投資の成功のポイントは、よきパートナーに巡り合えるか否かにかかっています。パートナー選びの際には、候補の会社・担当者の不動産投資の経験を必ず確認しましょう。

「売って終わり」の会社からの購入は絶対に避ける 管理まで面倒を見てくれるかがカギ

当社では、他の不動産会社で購入した収益不動産を管理してほしい、と依頼を受けることがあります。しかし、すべての相談物件の管理を受託しているかと言えば、そうではなく、一部はお断りしています。エリア選定や物件選定といった初期設定を決定的に間違い、どう手を尽くしても入居付けが厳しい物件などに対しては、私たちがお役に立つことはできないからです。

では、なぜそんな物件を買ってしまったのかというと、物件の売買さえ成約してしまえばその後の利益に責任を取らない仕組みでビジネスを営む不動産会社が多いからです。収益不動産の売買のみを行う不動産会社は、基本的に物件を販売したあとの管理運営を自社で行いません。

取引のある管理会社の紹介はしますが、販売会社としてはそこで「手離れ」です。極論を言えば販売した物件がその後、収益を生み出そうが赤字を出そうが関心が無いのです。

また、そのような会社の担当者の多くは、歩合の割合が高い給与体系で働いています。フルコミッション（完全歩合給）の会社も多いため、担当者は自分の給料を稼ぐために、良くない物件でも言葉巧みに売ろうという意識が働きがちなのです。

一方、売買だけでなく販売後の入居者募集や物件管理も行う不動産会社の場合、ダメな物件（＝購入後の賃貸経営が難しい物件）を薦める可能性は低いと言えます。その後の運営で利益を出しにくい地雷物件を、自社の管理部門にわざわざ回す羽目になってしまうからです。

不動産会社にとって入居者募集や物件管理は、細かい手間と労力のかかるわりに利益が少ない仕事です。「案件の手離れを良くして得意の営業に特化し、どんどん稼いだほうが合理的」と考える不動産会社は、どうしても多くなります。

しかし、物件を購入する立場で言えば、不動産会社から紹介された物件を購入したあとは、紹介した会社が責任を持って賃貸経営のフォローをしてくれることが理想のはずです。高い買い物ですから、信頼して物件を購入した会社にずっと面倒を見てほしいと思うのが当然でしょう。

さらに、物件を購入する会社が賃貸管理を本気で行っているかどうかも確認する必要があります。会社によっては、購入後の賃貸管理を行うとは言っているものの、実態は業務を丸ごと地場の管理会社に丸投げして管理手数料のサヤを抜くだけの会社もあるため、管理内容の詳細、外注業務の内訳などを確認してください。管理業務を何人で行っているかなども確認するとよいでしょう。

必ず押さえておきたい信頼できる不動産会社（パートナー）の条件

ここまで述べてきたように、不動産投資において購入後の運営の良きパートナーを見つけることは、目先の利回りが高い物件を見つけることよりはるかに重要です。

では信頼できる不動産会社をどうやって選べばいいのか。本項でそのポイントを図表の項目に沿って説明します（【図5-3】参照）。

図5-3　不動産会社選びのチェックポイント

- ☑ 収益不動産の売買取引を頻繁に行っているか（毎月取引しているか）
- ☑ 物件の詳細を理解しているか（売却理由、レントロールの妥当性、大規模修繕履歴、入居者属性）
- ☑ 物件周辺の土地勘があるか
- ☑ 物件周辺の賃貸事情を把握しているか
- ☑ 融資の知識が豊富で、金融機関の紹介をしてくれるか
- ☑ 購入後の賃貸管理についてのサポートがあるか
※売買した会社が賃貸管理を請け負うのが理想
- ☑ 不動産会社（または営業担当者）が収益不動産を持っているか、また、賃貸経営で一定の成果を出しているか
- ☑ 税務知識が豊富か
- ☑ 不動産ポートフォリオ、出口戦略まで含めたうえで、物件を紹介しているか

◉収益不動産の売買取引を頻繁に行っているか

近年になって収益不動産を扱う不動産会社はかなり増えましたが、質は玉石混交です。

宅地建物取引業者であれば法律上はどのような物件でも取引できますが、収益不動産を扱う専門知識が無いままに物件を取り扱う会社が多く、物件購入者が不利益を被るケースが少なくありません。

ちなみに、収益不動産といっても、ワンルームマンションなどの区分物件

を主に取り扱っている不動産会社の場合、本書が推奨する一棟収益不動産に特有の知識を十分に持っているとは限りません。

区分マンションは、マンション全体で管理組合が組成され、分譲マンション管理会社がついているので管理費・修繕積立金などの支出面がわかりやすい点が特徴です。一方、一棟物件の場合は分譲マンションで言うところの共用部もすべて所有者自身（または管理を受託した会社）が保守していかなければならないため、どうしても確認事項が多くなります。区分物件しか扱ったことのない不動産会社は、この点が弱いと言えます。

また、収益不動産の取引実績が少ない不動産会社は、売買契約書の特約を確認すればおおむね見抜くことができます。収益不動産の売買契約書には売主・買主の権利関係を整理するためにさまざまな特約を入れる必要がありますが、契約書にそうした気配りの形跡が無いのであれば、収益不動産の知識が少ないと見て間違いありません。取引経験が乏しい場合、買主に不利益な内容の契約書となっている場合もあるため注意が必要です。

◉物件の詳細を理解しているか

売却理由やレントロールの妥当性、大規模修繕履歴、入居者属性……こうした物件の詳細をきちんと理解しないまま、物件を販売する会社もあります。物件購入者の立場では、本書で紹介したチェック項目など不明な点をできる限り詳細に不動産会社へ確認してください。

不動産投資は事前にリスクをコントロールできると解説しましたが、そのためには情報開示が大前提です。物件を検討する際に開示されるべき情報が明らかになっておらず、購入後に顕在化することは最大のリスクだと言えます。

不利な条件を検討時に理解していれば、購入を見送ったり、リスクがある分安く買う交渉をしたりと、何らかの対策は可能です。しかし事前に情報が開示されず、所有権移転後に何らかのリスク事項が発覚した場合、残されているのは売主側に是正措置の対応を求めたり最終的には法的手段に出たりといった難易度の高い手段しかありません。

当社が経験した実例では、ある不動産会社の仲介で物件購入後、わずか1ヵ月で立て続けに3室の退去が発生したケースがありました。レントロールを確認すると、その退去者は直近1年以内に入居していました。真相はわかりませんが、前の所有者（不動産会社）が知り合いに頼んで一時的にその物件に入居してもらい満室物件として、所有権移転後に一斉に退去させた可能性も考えられます。レントロールの詳細（ここでは入居時期や賃貸借契約書の内容など）を確認することで、不自然な点がないか確認をすることはできたはずでした。

宅建業法で定められた項目を調査し説明すれば、不動産取引上は売主や仲介会社は義務を果たしていることになりますので、収益不動産固有の情報に関しては購入者自らが情報請求する姿勢が求められます。開示されるべき情報を適切に聞き出し、投資判断、条件交渉をすることでリスクを回避できる確率が高まります。

◉物件周辺の土地勘があるか

近年は、複数のエリアで収益不動産を購入する方が増えてきました。関東圏在住の方が、東京の不動産会社の紹介で大阪の物件を購入するようなケースです。

そういったトレンドから、物件を購入する方や不動産会社が物件周辺の土地勘を持っているかどうか、という観点がますます重要になっています。不動産は、道1つ隔てるだけで地位（土地・地域のランク）が大きく変わることや、賃貸住宅の需給バランス・賃料相場がまったく異なることがあるからです。具体的な理由がある場合もあれば地域の歴史に原因がある場合もあり、そのエリアに本当に詳しくなければ正確な判断は不可能です。

そのため、地元の不動産会社や投資家は絶対に手を出さないようなエリアの物件でも、土地勘の無い不動産会社が利回りだけをみて土地勘の無い方に販売することが往々にしてあるのです。そして購入後の入居付けに苦労した時にはじめて購入してはいけないエリアであった、高値掴みしてしまったと気づくハメになります。

　不動産会社であれば不動産についてなんでも知っているわけではありません。地域をしっかり理解したパートナーを選びましょう。

◉物件周辺の賃貸事情を把握しているか

「その地域で事業を展開している不動産会社」というだけで、エリアの賃貸事情をすべて把握していると思うのは早計です。物件の売買だけでなく賃貸管理業務（入居者募集や既存入居者管理）も行っていなければ、本当の相場はわかりません。

　賃貸管理をしていない売買専業会社の場合、インターネットで調べた平均賃料をもとに表面利回りを想定するケースがあります。しかしポータルサイトに載っているのは募集賃料です。実際に成約する賃料はそれより下がります。

　エリアによっては、募集賃料通りに入居を決めるために広告料を4ヵ月以上見ておかなければならない物件もあります。その場合、1戸あたりの入居付けのコストは非常に高くなり、表面利回りと実際の手残り額はかなり乖離します。そして空室は長期化する傾向となるでしょう。

　総じて、収益不動産を購入する投資判断には、賃貸経営に対する深い理解が不可欠です。物件を勧めてくる不動産会社が地域に根付いて賃貸管理業を行っているかは、ぜひ確認してください。あるいはその会社が、地域の有力な賃貸管理会社を見つけられていれば信頼度は高まるでしょう。

◉融資の知識が豊富で、金融機関の紹介をしてくれるか

　ここまで再三述べた通り、不動産投資において融資はとても重要なファクターです。よって融資の知識が豊富な不動産会社と付き合えるかどうかは、不動産投資の成否を大きく左右します。

　融資に強い不動産会社の場合、中小企業経営者向けや会社員向けなど、それぞれの物件購入者の属性に合った金融機関とのつながりを持っているものです。経営者という自身の属性に応じた金融機関を紹介してくれるかどうか、

取引銀行が何行あるか、不動産会社に詳しく確認されるとよいでしょう。

特に、経営者向け融資の経験が豊富な不動産会社はそう多くはありません。経営者独自の事情を深く理解する会社を見つけられるかどうかは、不動産投資において非常に重要になります。

投資規模を拡大していくためには、複数の金融機関から継続的に融資を受け続けられるかが大きなポイントです。その意味で、特に地方銀行や信用金庫、信用組合との取引があるか、融資付けのサポートが受けられるかどうかも確かめてください。

金融機関は不動産会社の紹介で訪問するのが鉄則です。紹介なく金融機関に足を運んでも取り扱ってくれない場合も多いです。金融機関とつながりの深い不動産会社を通せば、「あの会社の紹介の方なら安心」と見なされ、好条件で融資が下りる可能性が高まります。

また、オーナー経営者の場合は、本業で付き合いのある金融機関に融資をお願いするのも有効です。取引のある金融機関が収益不動産融資に積極的だった場合、有利に投資規模を拡大していけるでしょう。

ただし、金融機関によっては収益不動産向け融資に積極的ではないところもあります。

◉購入後の賃貸管理についてのサポートがあるか

前述した通り、売買専業の不動産会社は基本的に販売による売却益や仲介手数料で売上が立つため、極端な話、販売後の投資成果がどうなろうと関係がありません。よって購入後の賃貸管理のサポートについて、必ず不動産会社に確認すべきです。売買した会社がその後の賃貸管理も請け負うパターンが理想でしょう。売買後の管理が前提であれば、管理運営に苦労する物件は紹介しにくくなります（確信犯的にダメな物件を紹介してくる会社もありますが……）。

注意点を繰り返すと、「管理まで自社でやる」とうたっていながら実態は外部に丸投げしている会社も多くみられます。本当に地域に根差して事業を行っているのか、管理戸数と管理専属の社員が何名いるかなどを確認するようにしてください。

◉不動産会社（または営業担当者）が収益不動産を持っているか、また、賃貸経営で一定の成果を出しているか

不動産の売買をしている担当者のなかで、実際に収益不動産を個人で所有している人は極めて少数です。自分で不動産投資の経験が無い人に、物件購入者と同じ目線で物件の購入から運用までのアドバイスはできません。

担当者が不動産投資を行っていなかったとしても、会社自体が不動産投資・賃貸経営を行っている場合は、会社に不動産投資・賃貸経営のノウハウがあるため、担当者も一定の知識を有していると考えてよいでしょう。

◉税務知識が豊富か

確定申告など実際的な業務は税理士に任せますが、収益不動産を専門に取り扱う不動産会社として知っておくべき税務知識はたくさんあります。その知識に基づいて、税務上有利になるよう購入物件の初期設定を行うからです。

管理運営時でも税務知識が必要になります。一例を挙げれば、修繕費について一括損金で計上できるようなリフォーム内容を考えるなどです。不動産投資は購入時だけでなく、購入後の運用時も税金との戦いです。賃貸経営の一番のコストは税金だからこそ、不動産会社には税務知識が求められます。

節税や相続対策のために不動産投資を始める場合は、なおさら税務知識の豊富な不動産会社を選ぶべきです。保有中の税引後CFを最大化するための購入時の土地建物割合の設定、物件保有による相続税評価額の圧縮効果など、不動産会社に税務知識が無いと、購入後に想定していた効果が得られないばかりか、将来税務署から指摘されるリスクもあります。

さらに、経営者が不動産投資をする場合には、会社の財布と個人の財布を両方使って税金をコントロールする、経営者独特の考え方に対する理解が必須になります。

賃貸経営税務に強い税理士とつながりがあるか、紹介は可能かどうかも確

認事項です。

◉不動産ポートフォリオ、出口戦略まで含めたうえで、物件を紹介しているか

繰り返しになりますが、収益不動産は1棟買って終わりではありません。2棟、3棟と買い増して規模を拡大し、組み合わせのメリットを発揮しながら目標の投資規模やキャッシュフローへの到達を目指す戦略を、私はお勧めしています。

よって、不動産会社においても「全体のなかで個別の物件を見る」思考法は必須です。新たに紹介する物件が不動産ポートフォリオ上どの位置づけなのか、既存の保有物件との関連のなかでどういう働きをするのか、あるいは長期保有するのか、値上がり次第では売却するのか……など、経営者の資金状況や希望、将来ビジョンなどを踏まえたうえでの提案がなければなりません。

経営者と同じ目線で資金戦略を考え、不動産ポートフォリオ、出口戦略まで含めた提案ができるかどうか、資産管理（アセットマネジメント）の視点で提案できるかどうか、不動産会社の力量が問われるポイントです。

第6章

ニーズ別に
モデルケースで解説
不動産投資で
収益確保や節税を
実現する方法

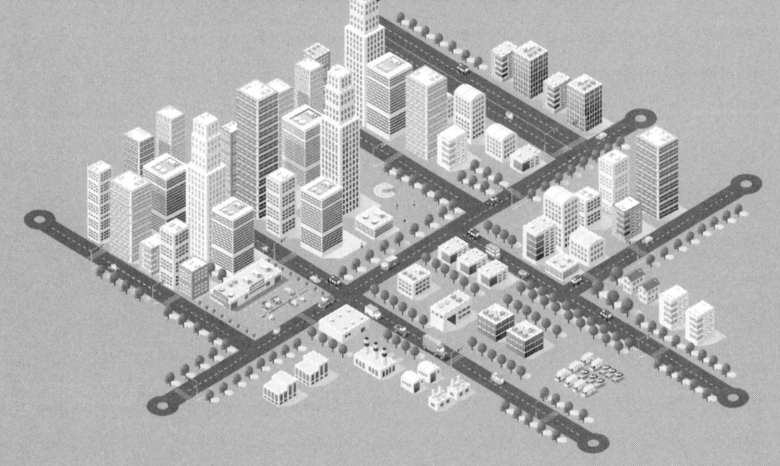

不動産投資が個人、法人にもたらす「収益」と2つの「節税」

本章では、ここまで説明してきた「不動産投資の基本」を踏まえ、不動産投資のメリットである「安定収益源の確保」と「節税」をどのようにすれば実現できるのかについて、詳細なシミュレーションをもとに解説します。

不動産投資のメリットがどのようなものなのかについては、第1章で詳しく解説しましたが（20〜39ページ参照）、簡単におさらいしておきます。

メリット① 安定収益源が確保できる
メリット② 所得（フロー）に対する税金を抑えられる
メリット③ 資産（ストック）に対する税金を抑えられる

これらのメリットを最大限に享受するためには、どのような投資を行えばいいのでしょうか。以下、具体的に見ていきましょう。

それぞれ、法人と個人のニーズ別に対策を紹介します。

【ニーズ1】安定収益源を確保する（法人向け）

まずは、法人が安定収益源を確保するための不動産投資についてです。

少子高齢化、人手不足、資源高など経営環境が目まぐるしく変化する中で、経営者の方々は大切な家族や社員を守っていくために本業とは別の収益源を確保する必要性を感じているでしょう。また、今は業績が絶好調で、成長のために積極的に投資を行っている会社であっても、その状態がずっと続く保証はありません。そういった不測の事態に備えるためにも、保険代わりとして新たな収益源を確保すべきだと思います。

では、法人が安定収益源確保のために収益不動産を取得する場合、どのような手順で物件を選んだらいいのでしょうか？

私は、以下の3つのステップを踏んで選ぶことをお勧めしています。

①まず、「どういう状態が理想か？」を考える
②理想を具体的な数値に落とし込むと
キャッシュフローでいくらぐらいになるのかを計算する
③それを実現するために、
どれくらいの自己資本が投下可能かを考える

①については、会社の置かれている状況や、経営者の考え方によって、答えが異なってきます。

たとえば、売上はそれなりに上がっているのに、利益がほとんど残らないというのであれば、「固定費を賄うために収益不動産を保有する」ことを考えるべきかもしれません。

また、「今の売上が今後も続くとは限らないので、本業以外にも安定収益源を確保しておきたい」といったように、将来を見据えるオーナー経営者もいることでしょう。

いずれにしても、「何のために安定収益源を確保するのか？」という目的を明確にすることが、不動産投資を始める最初の一歩です。

次に、その理想を実現するためには、いくらぐらいのキャッシュフローが必要になるのかを具体的な数値に落とし込んでみてください。

たとえば、「収益不動産の賃料収益で固定費を賄いたい」というのなら、まず月々の固定費がいくらぐらいなのかを計算します。

実際の支出を把握することで、その金額を補うだけの賃料が稼げる物件を選ばなければならない、という明確な目標が定まるのです（実際には、賃料収入から諸経費や税、ローンを設定して物件を取得した場合は月々の返済を差し引いた"手残り"で固定費を賄えるかどうかが重要となります）。

「将来に備えて、本業以外にも安定収益源を確保しておきたい」というのなら、将来売上がどれくらい減りそうなのかをシミュレーションし、それを補うにはいくらキャッシュフローを確保しておいたらいいのかを計算してみましょう。

目標が定まったら、次に収益不動産を取得するために投下できる現金が会社にいくらあるのかを確認します。

実際には、自己資金による現金購入のみでキャッシュフロー目標を達成できるケースは少なく、大抵は金融機関から資金を借りる必要があります。

借り入れをすれば、レバレッジ効果（124ページ参照）を効かせ、自己資金以上の物件を取得することで、投資パフォーマンスを高めることもできます。

以上を踏まえて、具体的なシミュレーション例を1つ紹介します。

ある中小企業のオーナー経営者が、経営を安定させるため、本業とは別に年間2,000万円のキャッシュフローを確保したいと考えました。投下可能な自己資金は5,000万円です。

仮に投資物件のFCR（総収益率、57ページ参照）を5.5％、イールドギャップ（FCRからローン定数Kを引いた値）を1.5％、投資全体に占める自己資金を10％とすると、目標投資総額（X）は以下のようになります。

X×10％×5.5％＋X×90％×1.5％＝2,000万円
≒11億円（投資総額）

以上の計算で、年間2,000万円のキャッシュフローを得るには、総額で11億円の収益不動産を取得する必要があることがわかりました。

もっとも、11億円もの資金を投じて1つの物件を取得するというのは、あまり現実的ではありません。リスク分散の観点からも、取得する物件は複数に分けるのが理想的です。

そもそも、この会社の自己資金は5,000万円なので、総投資金額の90％（自己資金の9倍）を金融機関から借り入れられるとしても、当面投資できるのは5億円までです。

そこで、最終的には11億円分を投資するとして、2億～3億円程度の複数の物件を、段階的に取得することにしました。

最初の物件は、次のような条件で取得しています。

1棟目（鉄筋コンクリート（RC造）　築20年）

【物件概要】

物件金額	2億8,000万円
購入諸費用	2,000万円
総投資金額	3億円
年間満室想定賃料	2,250万円　（表面利回り　8.03％）

空室損失・滞納損失　115万円
運営費用　450万円
NOI　1,685万円　（FCR5.61%）

【融資条件】

地方銀行からの借り入れ
借入金額　2億7,500万円　（自己資金　2,500万円）
金利　1.0%
融資期間　27年
元利均等返済
元利返済額　1,163万円
（ローン定数K　4.22%、
イールドギャップYG1.39%）

以上の条件で導き出されるこの物件の税引前CFは、次のとおりです。

税引前CF＝NOI：1,685万円−元利返済額：1,163万円＝ 522万円

つまり、この物件では自己資金5,000万円のうち2,500万円を投下し、物件金額の9割強に当たる2億7,500万円を借り入れることで、年間500万円を超えるキャッシュフローを得ることができたわけです。

このオーナー経営者が目指している年間キャッシュフローは2,000万円ですから、今回の物件をあと3棟、合計4棟取得すれば達成することができます。

ただし、自己資金5,000万円に対し、すでに2,500万円を投下しているので、現状ではもう1棟しか買うことができません。

では、どのように目標を達成すればよいのでしょうか？

仮にもう1棟取得して、年間キャッシュフローを1,000万円にすれば、2〜3

年で3棟目を購入できる資金を収益不動産からのキャッシュフローでつくることができます。

あるいは、本業の業績が好調な場合、本業で稼いだ現金を自己資金に足して取得のスピードを早めることを検討してもいいかもしれません。

繰り返し述べてきたように、たとえ今は業績がよくても、この先も好調が続くとは限りません。先手を打って業績が好調のうちに収益不動産を購入し、安定収益源を確保しておくのが賢い経営ではないでしょうか。

【ニーズ2】安定収益源を確保する（個人向け）

オーナー経営者や元経営者が個人として、自分や家族の将来のために安定収入源を確保する場合も、基本的な考え方は法人の場合と同じです。

何が目的で、目標額はいくらなのか。それを実現するには、いくらの物件をいくつ取得する必要があるのかを逆算し、総投資金額を弾き出します。

さらに、投入できる自己資金に応じて、いくら借り入れれば物件を取得する資金が用意できるかを計算するのです。

仮に現在、社長として3,500万円の年収があり、リタイア後も生活水準を維持するために同じくらいの収入を得たいと考えるのなら、年収3,500万円の手取り額に相当する年間2,000万円のキャッシュフローが得られる物件を計画的に取得していく必要があります。

子どもが2人いて、それぞれが将来の暮らしに困らないように、年間1,000万円ずつ、計2,000万円のキャッシュフローを得られるような収益不動産を残してあげたい、といった希望がある場合でも同様です。

以上のような目的の場合、投資総額は【ニーズ1】と同じように約11億円となります。

金融機関から借り入れられる金額に限度があれば、1～2棟から始めることになりますが、先に取得した物件から得られるキャッシュフローをこつこつと蓄え、3棟、4棟と増やしていくのがセオリーです。

ここまで読めばわかるように、目標金額が大きくなればなるほど、取得しなければならない収益不動産の棟数は増え、計画の年数もかかります。

個人で不動産投資を始めるオーナー経営者の多くは、引退のタイミングを投資計画のゴールに設定することが多いですが、目標とするキャッシュフローの金額が大きければ大きいほど、なるべく早めに投資を始めるのが望ましいと言えます。

ところで、個人で収益不動産を取得する場合、法人に比べて大きなネックとなりやすいのが税金です。

所得税・住民税は、所得が高額になればなるほど法人税に比べて税率が高くなるので、法人と同じように物件を取得しても、税負担が重い分、税引後CFは少なくなってしまうのです。

そこでお勧めしたいのが、資産管理法人名義で物件を取得する方法。法人名義で物件を取得することには、以下のようなメリットがあります。

●法人化のメリット

- **税金が抑えられる（個人に比べて税率が低い）**
- **経費の範囲が広がる**
- **早期に相続対策ができる**
- **融資面で有利**

実際、個人名義と法人名義では納税額にどれほどの違いがあるのでしょうか。課税所得2,000万円の場合で差を見てみましょう（【図6-1】【図6-2】参照）。

図6-1　所得税・住民税の速算表（個人）

課税される所得金額（千円未満切り捨て）＼税率と控除額		所得税（%）	住民税（%）	合計	
				税率（%）	控除額（万円）
	195万円以下	5	10	15	－
195万円超	330万円以下	10		20	9.75
330万円超	695万円以下	20		30	42.75
695万円超	900万円以下	23		33	63.6
900万円超	1,800万円以下	33		43	153.6
1,800万円超	4,000万円以下	40		50	279.6
4,000万円超		45		55	479.6

※2023年現在

図6-2　法人の所得と実効税率　※資本金1億円以下

課税される所得金額	法人実効税率
400万円以下	21.37%
400万円超え　800万円以下	23.17%
800万円超え	33.58%

※ 2023年度　東京都の場合

【個人名義の場合】

納税金額（所得税・住民税）

＝2,000万円×50%－279.6万円＝720.4万円

【法人名義の場合】※上記税率によって変更になる場合があります。

納税金額（法人税等）

＝400万円×21.37%＋400万円×23.17%＋1,200万円×33.58%

＝581.12万円

ご覧のように、法人名義にすると、課税所得2,000万円の場合、納税額が100万円以上も少なくなります。

しかも法人の場合、個人で行う不動産賃貸業に比べて経費の範囲が認められやすいので、さらに納税額を抑えることが可能です。

個人所得税は累進課税となっているので、本業の年収が高い方が個人名義で収益不動産を取得すると、納税額はますます大きくなり、税引後CFが少なくなってしまいます。

給与所得と不動産所得から社会保険料などの控除を引いた課税所得が900万円を超えるようなら、法人化を検討したほうがいいでしょう。給与だけで課税所得が900万円を超えるような方（額面年収で1,200万円以上）は、1棟目から法人名義で取得するのがお勧めだと言えます。

中小企業のオーナー経営者であれば、本業の法人名義で不動産を取得するという選択肢もあります。ただし、個人の資産運用を目的にするのなら、公私混同を避けるため、別法人（資産管理法人）を設立したほうがいいでしょう。

資産管理法人の種類には、株式会社、合同会社、合資会社、合名会社などがあります。不動産投資・賃貸経営が目的の場合は、株式会社か合同会社が一般的です。

どちらがよいとは一概には言えませんが、合同会社のメリットは設立コストが安い程度なので、当社としては相続時の自由度などが高い株式会社の設立をお勧めしています。

将来、取得した収益不動産を子どもたちに相続することを考えているのなら、法人の株主構成を考えておく必要もあります。

オーナー経営者が資産管理法人の株式を100％保有してしまうと、本業の法人と同じように、相続・贈与時に自社株評価の問題が発生してしまいます。

そうした問題を回避するために、子どもたちに出資金を贈与し、子どもたちの名義で法人を設立する方法もあります。

贈与する出資金の額によっては、子どもたちに贈与税の納税義務が発生しますが、不動産の取得が進み、資産規模が大きくなってから法人の株式を相続・贈与するのに比べれば、納税額は少なくなるはずです。

株主が子どもたちだけだと、「信用力が足りないので金融機関が融資をしてくれないのではないか？」と心配する方もいますが、親が連帯保証人になれば、まず問題はありません。

また、「子どもたちにも株は持たせるけれど、法人の管理は自分で行いたい」という方もいらっしゃると思います。そうした場合は、持ち株割合をなるべく小さくして出資する方法もあります。

具体的には、子どもたちには種類株（無議決権株式）を持たせ、オーナー経営者自身は少額出資して、普通株式（議決権有の株式）を持つことで、100%の議決権を確保する方法が挙げられます。

この他、資産管理法人を設立して収益不動産を取得すると、融資を受ける際にも有利になります。

目標とするキャッシュフローを得るために、1棟から2棟、3棟……と資産規模を拡大すると、おのずと融資限度額の無い市中金融機関からの融資が必要となります。

しかし、市中金融機関のプロパーローンは法人向け融資が原則です。

つまり、資産規模の大きな投資を考えている人ほど、法人を活用したほうが有利だと言えるのです。

法人であれば、収益不動産を取得するための融資についても、運転資金や設備資金に対する融資と同様に扱われるので、比較的スムーズに審査が通りやすいのもメリットです。

以上のように、法人を活用して収益不動産を取得することは、相続・贈与対策だけでなく、安定的なキャッシュフローを計画どおりに確保していくためにも有効な手段だと言えます。

【ニーズ3】法人税の負担を軽減する（法人向け）

次に、不動産投資の2つ目のメリットである「節税効果」を享受する方法についてシミュレーションしてみます。

こちらも、法人向け、個人向けの2つの方法がありますが、まずは法人向けについて見ていきましょう。

第1章でも解説したように、収益不動産を取得すると、建物の減価償却費を計上することで、申告する所得が圧縮され、法人税の納税負担が抑えられます（25ページ参照）。

減価償却費等を計上するスキームには、不動産投資以外にも、生命保険や太陽光発電、オペレーティングリースなどさまざまな方法があります。

しかし、多額のキャッシュアウトを伴わず、本業に余分な負担をかけずに利用できるのは不動産投資以外にありません。

詳しくは39〜44ページで解説しています。

収益不動産のなかでも、短期間に大きな減価償却費を計上しやすいのは、中古一棟アパート・マンションです。

なかでも私がお勧めするのは、法定耐用年数を経過した木造、または軽量鉄骨造の中古一棟アパートです。

木造の法定耐用年数は22年、軽量鉄骨造は27年ですが、以下のように税法で定められた中古物件の償却年数計算式に当てはめて計算すると、法定耐用年数を超えた木造物件の償却年数は4年、軽量鉄骨造物件は5年となります。

中古物件の償却年数計算式

償却年数＝法定耐用年数－築年数＋築年数×20％

※小数点以下は切り捨て

※法定耐用年数を超えている場合、法定耐用年数×20％にて計算

仮に建物の価格が5,000万円だとすれば、木造物件なら4年間にわたって1,250万円ずつ、軽量鉄骨造物件なら5年間にわたって1,000万円ずつ減価償却費を計上できるわけです。

これを踏まえ、耐用年数を超えた軽量鉄骨造の中古アパート1棟を取得し、その減価償却によってどれだけの節税効果が得られるのかをシミュレーションしてみましょう。

【物件概要】

構造	軽量鉄骨造　築27年
物件金額	9,500万円
購入諸費用	500万円
	※すべて土地・建物に分けて資産計上とする
総投資金額	1億円　（土地：4,000万円、建物6,000万円）
年間満室想定賃料	760万円　（表面利回り　8.0％）
	※賃料は毎年0.5％下落
空室損失・滞納損失	38万円
運営費用	150万円
NOI	572万円　（FCR5.72％）

【融資条件】

地方銀行からの借り入れ

借入金額	9,000万円　（自己資金　1,000万円）

金利	2.45%
融資期間	35年
元利均等返済	
元利返済額	383.3万円 （ローン定数K：4.26% イールドギャップYG：1.46%）

以上の条件で導き出される物件の税引前CFは、次の通りです。

税引前キャッシュフロー
＝NOI：572万円－元利返済額：383.3万円＝188.7万円

では、この物件では、どれくらいの減価償却費が得られるのでしょうか。

法定耐用年数を超えた軽量鉄骨造の建物の償却年数は5年なので、1年あたりの減価償却費は1,200万円となります。

1年あたりの減価償却費
＝建物：6,000万円÷5年＝1,200万円

不動産投資では、減価償却費の他に、運営費用やローンの支払い利息なども費用として計上できます。

NOIから減価償却費と支払い利息を差し引くと、この物件の1年目の課税所得（損金）は以下の通りとなります。

1年目の収益不動産の課税所得（損金）
＝ NOI　572万円－支払い利息　218.6万円－減価償却費　1,200万円
≒ ▲846.6万円

以上の計算の結果、この物件を所有すると1年目に846.6万円の損金を計上できることがわかりました。

現在、日本における法人税等の実効税率は約33％なので、846.6万円をこの税率で掛ければ、どれくらい納税額が抑えられるのかを割り出せます。

1年目の税圧縮効果

▲846.6万円×33％＝▲279.3万円

大きな減価償却費を取ることで、1年目に280万円近くの節税効果が得られました。この節税できた金額に加え、先に示した通り不動産投資のインカムゲインである賃料収入からのキャッシュフロー（税引前CF）が188.7万円ありますので、トータルでは468万円の税引後CFを得られた形となります。

前述のように、この物件による減価償却効果は5年間にわたって続きます。その影響による収益と、納税額の推移をシミュレーションしたのが【図6-3】です。

毎年1,200万円ずつの減価償却費を計上しているので、課税所得は5年間にわたって毎年840万円以上の赤字となります。5年間累計の損金は4,227.2万円です。

節税効果として1,394.9万円を得られたことになります。

これに加え物件の賃料収益から発生する税引前CFが5年間累計で908万円ありますので、この分を加えると、トータルでは2,302.9万円分現金が増えたことになります。

5年間の税引後キャッシュフロー

＝税引前キャッシュフロー908万円＋節税金額1,394.9万円

≒2,302.9万円

ちなみに、このケースでは6年目に減価償却効果がなくなり、その後は納税負担が増してしまいます。

図6-3　5年間の合計収益と納税額（法人）

（単位：円）

購入後年数	1	2	3	4	5
年間満室想定賃料	7,600,000	7,562,000	7,524,190	7,486,569	7,449,136
実効総収入	7,220,000	7,183,900	7,147,980	7,112,240	7,076,679
運営費用	1,500,000	1,500,000	1,500,000	1,500,000	1,500,000
純営業収益NOI	5,720,000	5,683,900	5,647,980	5,612,240	5,576,679
元利返済額	3,832,065	3,832,065	3,832,065	3,832,065	3,832,065
税引前キャッシュフロー	1,887,935	1,851,835	1,815,915	1,780,175	1,744,614

純営業収益NOI	5,720,000	5,683,900	5,647,980	5,612,240	5,576,679	
支払利息	2,186,604	2,145,835	2,104,055	2,061,240	2,017,365	
減価償却費	12,000,000	12,000,000	12,000,000	12,000,000	11,999,999	
課税所得	- 8,466,000	- 8,461,000	- 8,456,000	- 8,449,000	- 8,440,000	累計節税金額
納税金額	- 2,793,700	- 2,792,100	- 2,790,400	- 2,788,100	- 2,785,200	13,949,500
税引後キャッシュフロー	4,681,635	4,643,935	4,606,315	4,568,275	4,529,814	

税引前キャッシュフロー累計	1,887,935	3,739,770	5,555,685	7,335,860	9,080,474
税引後キャッシュフロー累計	4,681,635	9,325,570	13,931,885	18,500,160	23,029,974

当社では、減価償却効果がなくなった物件は、売却するか、別の物件を取得して引き続き効果を得るという2つの方法を提案しています。

売却する場合の条件をシミュレーションしたのが【図6-4】です。

このケースでは、売却価格を8,550万円としています。

購入価格は9,500万円でしたが、購入から5年間が経過して10％下落したものと想定しました。

物件金額が下がった結果、表面利回りは8.71％となりました。これほどの水準なら、買い手も比較的早く見つかるでしょう。

売却価格から、諸費用やローン残高などを差し引いた税引前CFは125.7万円です。

一方、この物件を購入した時点での建物の価格は6,000万円でしたが、5年

図6-4　売却収支と納税額

売却物件金額　8,550万円（購入時から10％下落）
売却時表面利回り　8.71％
売却諸費用　288.75万円

（単位：円）

売却時表面利回り	8.71%
売却物件金額	85,500,000
売却諸費用	2,887,500
ローン残高	81,354,771
税引前キャッシュフロー	1,257,729

取得費（減価償却前）	100,000,000
減価償却費累計	59,999,999
取得費（減価償却後）	40,000,001
譲渡所得	42,612,500
譲渡所得税	14,062,100
税引後キャッシュフロー	- 12,804,371

間の減価償却によってゼロ（簿価上は1円）となり、売却によって4,261.3万円の譲渡所得が発生しました。この利益に対する納税額は1,406.2万円です。

そして、税引前CFから納税額を差し引いた税引後CFは1,280.4万円のマイナスとなってしまいました。

第1章でも説明したように、減価償却による“節税”はあくまでも税の繰り延べであって、売却する際には、繰り延べてきた税金を“精算”して納めなければなりません。1,280.4万円は、その“精算分”ということです。

もちろん、繰り延べの“精算”によって、得られるキャッシュがゼロやマイナスになってしまうのでは意味がありません。最終的な収支は、いったいいくらになるのでしょうか。

それを確かめるため、この物件の運営期間中に得られた税引前CFと節税金額、売却時の税引後CFを合算してみます。

計算式は以下の通りです。

保有期間中の累計税引前キャッシュフロー	908万円	a
保有期間中の累計節税金額	1,394.9万円	b
保有期間中の累計税引後キャッシュフロー	2,302.9万円	a＋b
売却時の税引後キャッシュフロー	▲1,280.4万円	c

最終キャッシュフロー＝a＋b＋c＝2,302.9万円－1,280.4万円
≒1,022.5万円

保有期間中と売却時のキャッシュフローの累計は、税引後で1,022.5万円となりました。

物件購入時に投入した自己資金は1,000万円でしたので、投資した分がわずかに増えて戻ってきたことになります。

1億円で購入した物件を5年後に8,550万円（購入金額の90%）で売却しても、保有中に発生するキャッシュフローと節税効果によって、最終的な手取りは投下資金を上回るのです。

仮に売却時に大きく値下げしなければ売却できない物件であれば、保有期間中は税の繰り延べはできるものの、売却時に損をしてしまい初期に投資した現金が毀損するリスクがあります。そういった意味で、売却時に一定以上の金額で売却できる物件を選ぶことが不動産投資を用いた節税において大切なことと言えます。

なお、当社が提供する中古アパート・マンション物件「Z-RENOVE（ジー・リノベ）」は、リノベーションによるバリューアップなどによって、売却価格が一定以上に維持でき最終的なキャッシュフローを確保しやすいと好評です。節税を目的として不動産投資を始めるお客さまからは、何度もリピート注文をいただいています。

この他、物件金額に対して実売土地値が付いている物件や、大規模修繕済みで次の買い手も安定的に税の繰り延べができる物件なども、価格が下がりにくいので、最終的なキャッシュフローが得やすくなります。

以上をまとめると、法人の場合、税の繰り延べとはいえ、収益不動産を活用すると次のようなメリットがあります。

①他の節税方法と異なり、現金流出が少なく、かつ拘束されないため、自由度が高い

収益不動産購入時には融資を活用することで、現金を手元に置くことができます。しかも、いつでも売却することで現金化できます。

②タックスマネジメントを自在にできる

保有中は税の繰り延べによって納税額を抑えられる一方、決算調整等で利益がほしい時には、物件を売却して益出しすることも可能です。

③税の繰り延べによる節税は、無利息の資金調達と同じ効果

経営資源で最も大切なものの1つが現金です。税の繰り延べで手元現金が残るのは、無利息で金融機関から資金を借りるのと同じようなことです。

④保有中はキャッシュフローが得られる

税の繰り延べをする一方で、毎月安定的にキャッシュが入ってきますので、手元現金を確保することも可能です。

以上のように、法人にとって、収益不動産は節税対策ツールとして非常に有益だと言えます。

【ニーズ4】所得税・住民税の負担を軽減する（個人向け）

【ニーズ3】では、法人として不動産投資をした場合の「節税効果」について検証しました。

個人で不動産投資する場合も節税効果は得られますが、その効果の大きさは法人とは比較になりません。

なぜなら、「税制のゆがみ」を利用することで、売却時に納める税金を減らせるからです。

日本の税制では、個人名義で取得した不動産からの賃料による所得（不動産所得）は、給与所得や事業所得などと合算します。そして社会保険料などの各種控除を経て、課税所得を決定します。これを「総合課税方式」と言います。

この方式で算出された所得により税金が確定しますが、日本の税制は累進課税を採用しているので、所得が高いほど税率が高くなります。諸条件によって多少異なりますが、給与年収が1,000万円の方は所得税・住民税の合計税率は30％、年収2,000万円の方で43％、年収5,000万円では55％となってしまいます。

たとえ同じ不動産所得を得ていたとしても、本業の所得が多くなればなるほど、累進課税によって納める税金の額が大きくなるのです（199ページの【図6-1】の所得税・住民税の速算表を参照）。

一方、不動産を売却する際には、「分離課税方式」が取られます。この方式では、不動産売却時の所得（譲渡所得）に、不動産の保有期間に応じて決められている税率を掛けて納税額を決定します（【図6-5】参照）。

保有期間5年未満の物件を売却して得たものが「短期譲渡所得」、5年以上

図6-5　不動産売却時の税率

区分	所得税	住民税	合計
短期譲渡所得	30%	9%	39%
長期譲渡所得	15%	5%	20%

※復興特別所得税率は除く

保有した物件を売却して得たものが「長期譲渡所得」です。

短期譲渡所得の場合、個人所得税と住民税の合計税率は39%ですが、長期譲渡所得の場合は20%と税率が大幅に下がります。

なお、保有期間が5年以上とみなされるのは、譲渡した年の1月1日時点で5年を超えた場合です。物件を所有してからお正月を6回迎えたら、長期譲渡が適用されると覚えておきましょう。

ところで、「総合課税方式」と「分離課税方式」との間には、税率に大きな開きがあることにお気づきでしょうか。これが「税制のゆがみ」なのです。

個人で不動産投資をする場合も、物件の保有期間中は法人と同じように減価償却費を計上して、節税効果を得ることができます。

しかも、累進課税なので、税率が高い人ほど、より大きな節税効果を享受できるわけです。

一方、売却時には、長期譲渡であれば20%の税率（復興特別所得税を除く）しかかかりません。

購入価格と売却価格が同額だと仮定すると、保有期間中の所得税・住民税率が50%だった場合、長期譲渡税率20%との差は30%となることから、減価償却費×30%がまるまる節税できることになります。この「税制のゆがみ」を利用できるのは、個人ならではの大きなメリットです。

では、「税制のゆがみ」を利用すると、実際にどれくらい節税効果が期待できるのでしょうか。具体的なシミュレーションを行ってみましょう。

【ニーズ3】と同じ条件の物件を個人で取得し、所得税・住民税の合計税率は50%だったとします。

この場合、NOIから元利返済額を差し引いた1年目の課税所得は、【ニーズ

3】と同じ846.6万円となります。

1年目の課税所得
＝NOI 572万円－支払い利息 218.6万円－減価償却費 1,200万円
＝▲846.6万円

※厳密には、不動産所得がマイナスのときに給与所得など他の所得と損益通算する場合、土地取得にかかる支払利息分は損益通算から控除するという「土地等の負債利子の損益通算の特例」があるため、上記の計算結果とは異なります。
具体的には、「土地取得負債利息＜不動産所得の損失金額」の場合には、不動産所得の損失金額から土地取得負債利息を控除した金額が損益通算の対象となります。

土地利息反映後の1年目の損益通算可能所得
＝▲846.6万円＋87.5万円（土地取得負債利息）
＝▲759.1万円

法人（ニーズ3）の場合、実効税率が33％なので、1年目の税圧縮効果は279.3万円（▲846.6万円×33％）でした。

このケースでは、個人所得税・住民税の合計税率が50％なので、税圧縮効果はもっと高まります。

1年目の税圧縮効果
▲759.1万円×50%≒379.5万円

法人の場合と同様に、この節税できた金額に加え、賃料収入からのキャッシュフロー（税引前CF）が188.7万円ありますので、トータルでは568.3万円の税引後CFを得られた形となります。

図6-6　5年間の合計収益と納税額（個人）

（単位：円）

購入後年数	1	2	3	4	5
年間満室想定賃料	76,000,000	7,562,000	7,524,190	7,486,569	7,449,136
実効総収入	7,220,000	7,183,900	7,147,980	7,112,240	7,076,679
運営費用	1,500,000	1,500,000	1,500,000	1,500,000	1,500,000
純営業収益NOI	5,720,000	5,683,900	5,647,980	5,612,240	5,576,679
元利返済額	3,832,065	3,832,065	3,832,065	3,832,065	3,832,065
税引前キャッシュフロー	1,887,935	1,851,835	1,815,915	1,780,175	1,744,614

純営業収益NOI	5,720,000	5,683,900	5,647,980	5,612,240	5,576,679	
支払利息	2,186,604	2,145,835	2,104,055	2,061,240	2,017,365	
減価償却費	12,000,000	12,000,000	12,000,000	12,000,000	11,999,999	
課税所得	- 8,466,000	- 8,461,000	- 8,456,000	- 8,449,000	- 8,440,000	
土地取得負債利息	874,642	858,334	841,622	824,496	806,946	
損益通算可能所得	- 7,591,358	- 7,602,666	- 7,614,378	- 7,624,504	- 7,633,054	累計節税金額
納税金額	- 3,795,679	- 3,801,333	- 3,807,189	- 3,812,252	- 3,816,527	19,032,980
税引後キャッシュフロー	5,683,614	5,653,168	5,623,104	5,592,427	5,561,141	

税引前キャッシュフロー累計	1,887,935	3,739,770	5,555,685	7,335,860	9,080,474
税引後キャッシュフロー累計	5,683,614	11,336,782	16,959,886	22,552,313	28,113,454

さらに、減価償却効果などによって、5年間の収益と納税額がどのように推移するのかを計算したのが【図6-6】です。

5年間の税引前CFの累計は908.04万円、土地取得負債利息反映後の課税所得は3,806.5万円となりました。

この結果、5年間の累計節税金額は1903.2万円となりました。

これに加え物件の賃料収益から発生する税引前CFが5年間累計で908万円ありますので、この分を加えると、トータルでは2,811.3万円の税引後CFが得られました。

5年間の税引後キャッシュフロー
＝税引前キャッシュフロー 908万円＋節税金額 1,903.2万円
≒2,811.3万円

次に、売却時の納税額がいくらになるのかを計算してみます。

売却条件は、【ニーズ3】の法人でのシミュレーションとまったく同じとします。譲渡所得も同じ4,261.3万円となります（【図6-7】参照）。

【ニーズ3】法人との大きな違いは、保有期間が5年超の長期譲渡所得とみなされるため、20％の税率が適用される点です。

これによって、譲渡所得税額は852.3万円となり、33％の税率が適用される法人に比べて550万円以上も税金が安くなります。

図6-7　売却収支と納税額

売却物件金額　8,550万円（購入時から10％下落）

売却利回り　8.71％

売却諸費用　288.75万円

（単位：円）

売却表面利回り	8.71%
売却時年間満室想定賃料	7,449,136
売却物件金額	85,500,000
売却諸費用	2,887,500
ローン残高	81,354,771
税引前キャッシュフロー	1,257,729

取得費（減価償却前）	100,000,000
減価償却費累計	59,999,999
取得費（減価償却後）	40,000,001
譲渡所得	42,612,500
譲渡所得税	8,522,500
税引後キャッシュフロー	- 7,264,771

法人の譲渡法人税

譲渡所得：4,261.3万円×33％＝1,406.2万円

個人の譲渡所得税

譲渡所得：4,261.3万円×20％＝852.3万円

法人の譲渡法人税－個人の譲渡所得税＝553.9万円

では、この節税効果によって、自己資金1,000万円の投下に対し、最終的にどれだけのキャッシュフローが得られるのでしょうか。

計算式は以下の通りです。

保有期間中の累積税引前CF	**908万円**	**a**
保有期間中の累計節税金額	**1,903.2万円**	**b**
保有期間中の累積税引後CF	**2,811.3万円**	**a+b**
売却時の税引後キャッシュフロー	**▲726.4万円**	**c**

最終キャッシュフロー＝a＋b＋c＝2,811.3万円－726.4万円
≒2,084.9万円

保有期間中と売却時のキャッシュフローの累計は、税引後で2,084.9万円となりました。自己資金1,000万円を差し引けば、1,084.9万円、現金が増えたことになります。

オーナー経営者には、個人税率の高さから役員報酬をあえて低く抑えている方が多いように思いますが、これほどの税圧縮効果やキャッシュフローが得られるのなら、役員報酬を高めに設定して、そのお金を不動産投資に回したほうが得策と言えるかもしれません。

累進課税によって税率は上がりますが、その分、減価償却による税圧縮効果も高まるので、戦略次第では有利になるケースも多いはずです。

高めの報酬を受け取り、そのお金で収益不動産を計画的に取得すれば、個人資産はどんどん膨らんでいきます。ご自身や家族の将来も、より安泰になるのではないでしょうか。

【ニーズ5】類似業種との比較で自社株評価を下げる

ここまで何度も述べてきたように、不動産投資には、資産税（相続税・贈与税など）の負担を軽減する効果もあります。

特に、自社株評価を圧縮して、家族に円滑な事業承継ができるようになることは、オーナー経営者にとって非常に大きなメリットだと思います。

このケースでは、不動産投資によって、実際に自社株評価をどれくらい圧縮できるのかをシミュレーションしてみましょう。

その前に、まずは自社株評価の基本について説明します。若干難しいところもあるので、読み飛ばしていただいても構いません。

そもそも「自社株」とは何でしょうか？

本書をお読みのオーナー経営者のなかには、株式投資を行っていらっしゃる方も多いと思います。

株式投資関連のニュースで、「自社株買い」という言葉をよく見掛けますが、これは上場企業が自社の企業価値を上げるために実施する資本政策の1つであり、本書で取り上げる「自社株」とは意味合いが異なります。

一般に、中小企業の事業承継で問題となる「自社株」とは、同族会社のオーナー経営者や、その一族が所有する株式のことです。

では、上場企業の「自社株」と、中小企業の「自社株」とでは何が違うのでしょうか？

最も大きな違いは、「その株式の価値を評価できる相場が存在するかどうか？」という点です。

上場企業の「自社株」は、証券取引所における売買によって相場が形成され、価値が決まります。

一方、中小企業の「自社株」のように未上場の会社の株式には、その価値を客観的に評価できる相場がありません。

そこで国税庁は、「財産評価基本通達」のなかで、「取引相場の無い株式」の評価方法を定めています。

中小企業の「自社株」は、この評価方法で「いくらになるのか？」を決められ、その金額に応じて相続・贈与税が課せられるわけです。

国税庁は、「取引相場の無い株式」の評価方法として、「原則的評価方式」と「配当還元方式」の2つを用意しています。

原則的評価方式とは、会社の業績や資産内容等を反映した評価方法であり、「類似業種比準価額方式」「純資産価額方式」および、これらの併用方式によってその会社の株価がいくらになるのかを評価します。

一方、配当還元方式とは、「株主に還元される配当金」のみに着目して評価額を計算する評価方法です。一般的には、配当還元方式のほうが株価の評価は低くなりやすいです。

原則的評価方式と配当還元方式のどちらを採用するのかは、評価する会社の議決権割合によって決まります。

【図6-8】は、その判定方法をチャートで示したものです。

チャートの左側に示されている「同族株主等」とは、オーナー経営者やその同族関係者のことです。同族関係者が会社の議決権の30％以上を持っている場合は、支配権を持つ「同族株主等」であるとみなされ、原則的評価方式が適用されます。

これに対し、同族株主等以外がいない会社や、同族株主等であっても支配権を持たない少数株主等である場合には、配当還元方式が適用されます。

本書をお読みの中小企業オーナーは、ほとんどが支配権を持っていると思いますので、以下、原則的評価方式の仕組みや計算方法について説明します。

図6-8　取引相場の無い株式等の評価方式（同族株主のいる会社）

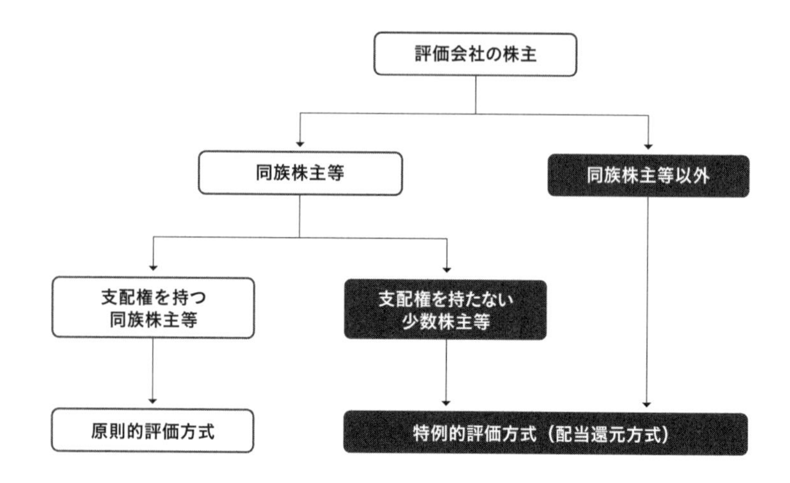

前述のように、原則的評価方式には、類似業種比準価額方式と純資産価額方式、その併用方式の3つの方式があります。

どの評価方式が適用されるのかは、会社の規模によって決まります。具体的には、【図6-9】の通りです。

図6-9　会社規模の区分に応じた評価方式の概要

会社の規模	評価方式	備考
大会社	類似業種比準価額	純資産価額でもよい
中会社の大	類似業種比準価額×90％＋純資産価額×10％	
中会社の中	類似業種比準価額×75％＋純資産価額×25％	
中会社の小	類似業種比準価額×60％＋純資産価額×40％	
小会社	純資産価額	（類似業種比準価額×50％＋純資産価額×50％）でもよい

大会社とは、従業員が70名以上、または従業員数35名超かつ総資産価額が15億円から20億円以上（業種によって異なる、以下同）、あるいは前期の売上

高が15億円から30億円以上（業種によって異なる、以下同）の会社のことです。

中会社は、従業員が70名未満で、従業員数5名超かつ純資産価額が4,000万円から7,000万円以上、あるいは前期の売上高が6,000万円から2億円以上で、大会社の売上高には満たない会社です。

中会社は、さらに「中会社の大」「中会社の中」「中会社の小」の3つに分類され、それぞれごとに類似業種比準価額方式と純資産価額方式の併用割合が異なります。

小会社とは、従業員が70名未満で、純資産価額が4,000万円から7,000万円未満、あるいは前期の売上高が6,000万円から2億円未満の会社です。

どの会社規模に該当するのかは、業種によって大きく異なります。詳しくは税理士などに尋ねてみてください（【図6-10】参照）。

図6-10　会社規模の判定表

総資産額（帳簿価額）			従業員数	年間の取引額			会社の規模との割合	
卸売業	小売・サービス業	卸売業、小売・サービス業以外		卸売業	小売・サービス業	卸売業、小売・サービス業以外		
20億円以上	15億円以上	15億円以上	35人超	30億円以上	20億円以上	15億円以上	大会社	
4億円以上	5億円以上	5億円以上	35人超	7億円以上	5億円以上	4億円以上	0.9	中会社
2億円以上	2.5億円以上	2.5億円以上	20人超35人以下	3.5億円以上	2.5億円以上	2億円以上	0.75	中会社
7,000万円以上	4,000万円以上	5,000万円以上	5人超20人以下	2億円以上	6,000万円以上	8,000万円以上	0.6	中会社
7,000万円未満	4,000万円未満	5,000万円未満	5人以下	2億円未満	6,000万円未満	8,000万円未満	小会社	
（イ）			（ロ）	（ハ）				

① 総資産額基準（イ）と従業員数基準（ロ）とのいずれか下位の区分を採用。
② ①と取引金額基準（ハ）のいずれか上位の区分により会社規模を判定。

次に、類似業種比準価額方式と、純資産価額方式の計算方法について説明します。

類似業種比準価額方式とは、事業内容の類似する業種目の上場企業の株価と比較して自社の株価を算定する方法です。

具体的には、自社の事業に該当する業種（類似業種）の上場企業（以下、類似会社）の配当金、利益、純資産価額に基づき、以下のように計算します。

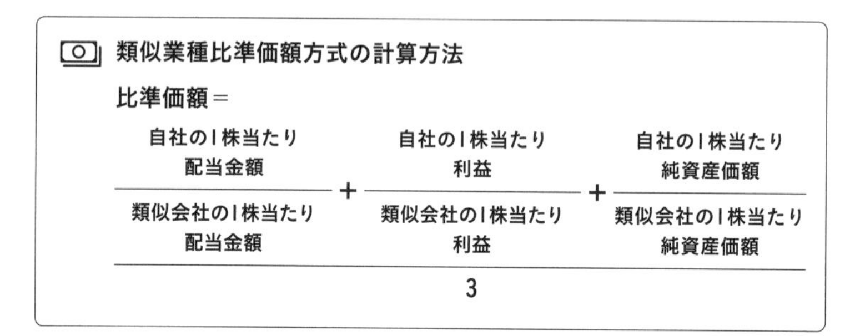

後ほどのシミュレーションにおいては、この計算の基礎となる類似会社の配当金を「A」、利益を「B」、純資産価額を「C」とし、自社の配当金は「A'」、利益は「B'」、純資産価額は「C'」とします。

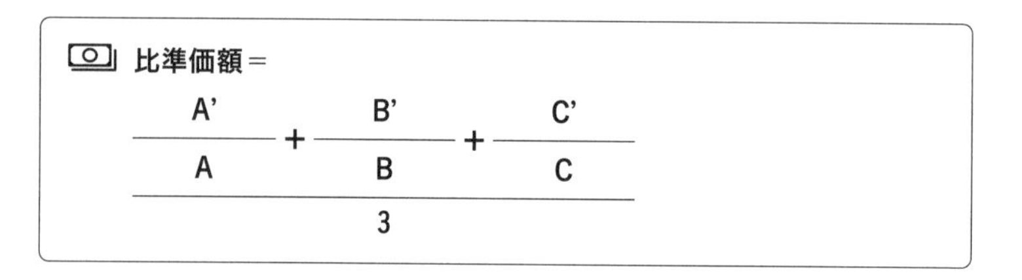

次に、純資産価額方式の計算方法です。

基本的には、評価する時点（課税時期）の資産から負債を差し引いた金額が純資産価額となります。

まず、会社の所有する資産および負債を「相続税評価額」によって評価し、資産の合計額から負債の合計額を差し引いて、相続税評価額ベースの純資産額を求めます。

次に、帳簿価額による資産の合計額から負債の合計額を差し引き、帳簿上の純資産価額を算出します。

相続税評価額ベースの純資産価額から、帳簿上の純資産価額を差し引いたものが"含み益"（評価差額）となります。

この評価差額に37%の税率を掛けた金額（法人税相当額）を相続税評価額ベースの純資産価額から差し引き、課税時期における発行済み株式数で割ったものが1株当たりの純資産価額です。計算式は以下の通りです。

純資産価額方式の計算方法

1株当たり純資産価額＝資産の相続税評価額の合計額－負債の合計額－法人税相当額（評価差額の37%）／課税時期における発行済み株式数（自己株式控除後）

以上が計算の基本ですが、純資産価額方式では、相続税評価額ベースの純資産価額を求める時点で、税法上のルールに沿って、資産・負債の評価を下げることもできます。

たとえば、賃貸用不動産の場合、貸家建付地評価および貸家評価により、評価減を得ることができます。

また、保有後3年以上が経過した土地・建物については、土地は相続税路線価評価、建物は固定資産税評価額による不動産の相続税評価額を当てはめることで、資産価値の評価を下げられます。

併せて貸家建付地、および貸家に対する評価減も利用できるので、自社株評価を大きく下げることが可能になるのです。

以上、自社株評価を下げる方法について説明してきました。

ここからは、類似業種比準価額方式、純資産価額方式の計算方法を踏まえ、収益不動産を保有すれば、どれだけ自社株評価を下げられるのかについてシミュレーションしてみましょう。

まず、類似業種比準価額方式の計算方式をもとに、自社株評価を下げる方法です。

前ページに示した類似業種比準価額方式の計算式を見ると、構成要素の3

分の1は「利益」（1株あたり利益）であることがわかります。

非上場の中小企業は「配当」を行っていないケースが多いので、実質的には利益が構成要素の2分の1を占めている会社がほとんどでしょう。

言い換えれば、利益を圧縮することで、自社株評価も大幅に下がる可能性があるわけです。

収益不動産を所有すると、実際にどれだけ利益が圧縮できるのかをシミュレーションしてみましょう。

まず、前提条件として、類似企業の利益（B）、純資産価額（C）と、自社の利益（B'）、純資産価額（C'）がまったく同じだったとします。

どちらも利益は3,000万円、純資産価額は2億円です。

A'＝0円
B＝B'＝3,000万円
C＝C'＝2億円

自社の配当は0円なので、計算から除外します。

この前提条件を、220ページに示した計算式に当てはめると、以下のようになります。

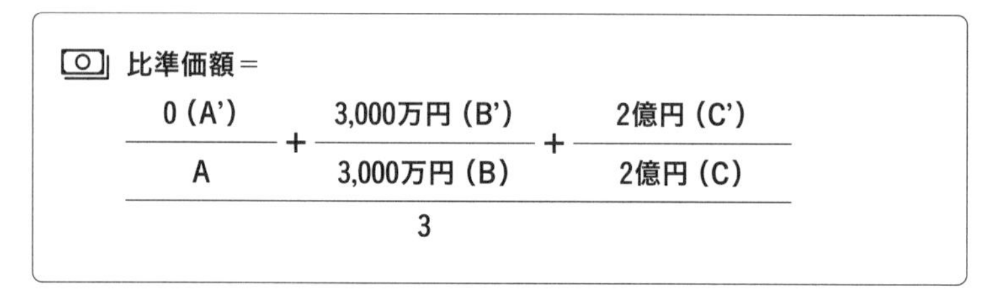

上記の計算式のうち、以下のシミュレーションでは分子の部分を比較対象とするので、分母の「3」は無視します。

また、「A」と「A'」は計算すると「0」、「B」と「B'」、「C」と「C'」はそれぞれ「1」となります。結果として、この計算式は以下のように単純化することができます。

比準価額 ＝ 0 ＋ 1 ＋ 1 ＝ 2

以上の条件のもと、自社株評価を下げるために、次のような収益不動産を購入しました。

木造アパート、築22年（減価償却期間4年）

【物件概要】

物件金額	1億9,200万円 （土地5,760万円、建物1億3,440万円）
購入諸費用	800万円　（土地建物割合に応じて按分 土地6,000万円、建物1億4,000万円）
年間満室想定賃料	1,600万円
空室・滞納損失	100万円
運営費用	300万円
NOI	1,200万円

【融資条件】

借入金額	1億8,000万円　（自己資金2,000万円）
金利	2.0%
融資期間	20年

1年当たりの減価償却費	3,500万円
1年当たりの支払い利息	350万円
1年目の不動産の課税所得	▲2,650万円 （法人実効税率を33%とする）

1年目の会社全体の利益

3,000万円－2,650万円＝350万円

このケースでは、本業の利益は3,000万円だったものの、収益不動産を取得したことで1年目に3,500万円の減価償却費が発生し、賃料収入などを加えても1年目の不動産の課税所得が2,650万円のマイナスとなりました。

その結果、会社全体としての利益（B'）は、3,000万円から350万円に大きく減っています。

これによって、類似業種比準価額方式による自社株評価は、どれくらい圧縮されるのでしょうか。

先ほどの計算式に当てはめると、以下のような結果になります。

$$比準価額＝0+\frac{350万円（B'）}{3,000万円（B）}+1＝1.117$$

対策を講じる前と比較すると、類似業種比準価額は、

$$\frac{1.117}{2}＝55.85\%（44.15\%減）$$

と、大幅に圧縮されました。

このように、収益不動産を取得すると、減価償却効果によって利益が大幅に圧縮され、自社株評価が大きく下がります。

自社株の評価を下げ、子どもへの贈与の負担をなるべく抑えたいと考えておられる方は、そのタイミングで収益不動産を取得することが有効な解決策になることが、おわかりいただけるのではないでしょうか。

ここで着目したいのは、物件購入時に2,000万円の自己資金を投下し、1年目でそれを上回る3,500万円の減価償却費を計上できたこと。さらに、全体として2,650万円の損金をつくることができた点です。

このように、トータルではキャッシュフローを確保しながら、利益を圧縮し、自社株評価を下げられるのが不動産投資の大きなメリットだと言えます。

なお、類似業種比準価額は、分子3要素（配当・利益・純資産価額）の単純平均によって比準価額を算出するため、厳密には、自社と類似業種の純資産価額の多寡や、類似業種の利益金額によって評価額が変動します。

そのため、同じ利益の圧縮額であっても、一律に自社株評価の圧縮効果が得られるとは限りません。

また、より大きな圧縮効果を得るためには、減価償却費を多くして会社全体の利益をマイナス（赤字）にしてしまえばよいのではないか、と考える方もいると思いますが、そのような方法は、当社ではあまりお勧めしていません。

減価償却費をより多く取って赤字にすれば、B'はゼロになりますし、C'の数字を小さくすることもできるので、比準価額はさらに圧縮されます。しかし、それによって分子3要素のうちの2つ（配当と利益）がゼロになってしまうと、残りは純資産価額のみなので、自動的に純資産価額方式で評価せざるを得なくなってしまいます。

後述するように、純資産価額方式による評価は、類似業種比準価額方式に比べて評価が高くなりやすいので、利益は黒字を保ち、類似業種比準価額方式を利用したほうが望ましい場合もあります。

どちらの方式を選ぶべきなのかについては、税理士などの専門家に相談してください。

【ニーズ6】純資産価額を圧縮して自社株評価を下げる

【ニーズ5】では、収益不動産を取得して減価償却効果を得ることで、会社全体の利益が圧縮され、自社株評価（比準価額）を大きく下げられることがわかりました。

ただし、先ほども述べたように、自社株の評価方法には類似業種比準価額方式、純資産価額方式の2つがあり、会社の規模によっては、この2つの方式を併用することになります。

ですから、自社株評価を下げるためには、純資産価額も圧縮したいところです。

実は、収益不動産を保有すると、純資産価額も大幅に減らせる可能性があります。

なぜなら、計算の元となる現預金や有価証券などの資産を収益不動産に組み替えることで、相続税評価額が下がるからです。

日本の中小企業の多くは、事業環境の急速な変化とともに厳しい経営を余儀なくされています。しかし、目の前の業績は低調でも、実はかなりの資産を持っている中小企業が少なくありません。

高度経済成長期や“バブル景気”の時代に稼いだ利益余剰金や、有価証券の含み益など、“過去の栄光”によって積み上がった資産を抱えているのです。

これらの資産が大きいほど、純資産価額方式による自社株評価は高くなりやすく、事業承継に苦しむことになってしまいます。

含み益のある資産をなるべく減らし、負債を増加させて純資産を減らすことが、この問題の有効な解決策です。そのためのツールとして、収益不動産が活用できます。

以下、具体的にシミュレーションしてみました。

図6-11　貸借対照表

資産	40,000万円	負債	20,000万円
		純資産	20,000万円
計	40,000万円	計	40,000万円

まず、対策前の貸借対照表は【図6-11】の通りだったとします。資産、負債は相続税評価とし、含み益はゼロとします。

この前提条件のもとで、【ニーズ5】と同じ収益不動産を取得すると想定しました。

木造アパート、築22年（減価償却期間4年）

【物件概要】

物件金額　　**1億9,200万円**
（土地5,760万円、建物1億3,440万円）
購入諸費用　　**800万円　（土地建物割合に応じて按分**
土地6,000万円、建物1億4,000万円）
（以下略、【ニーズ5】を参照）

【融資条件】

借入金額　　**1億8,000万円　（自己資金2,000万円）**
（以下略、【ニーズ5】を参照）

この物件の相続税評価は以下の通りです。

相続税評価額　　**土地1億円　（相続税路線価）、**
建物4,000万円　（固定資産税評価額）

土地の借地権割合　　　　　70%
建物の借家権割合　　　　　30%

収益不動産（賃貸用不動産）は、第三者に不動産を貸し出している点を考慮し、相続税評価をする際には一定の減額措置が受けられます（【図6-12】参照）。

図6-12　収益不動産は市場価値に比べ相続税評価額は大きく下がる

1. 土地は貸家建付地での評価減
相続税路線価×面積×（1−借地権割合※×借家権割合30%）
※一般的には60 〜 70%

2. 建物は第三者に賃貸に出していることによる評価減
固定資産税評価額×（1−借家権割合30%）

この物件を取得する前の純資産価額方式による自社株評価額は、以下の通り、2億円でした。

純資産価格方式による自社株評価＝
資産4億円−負債2億円＝2億円

では、物件取得によって、自社株評価額はいくらになるのでしょうか？
以下のように、購入後の経過年数によって評価は2段階で変わります。

1. 不動産購入後の純資産価額方式の評価額

会社が課税時期前3年以内に購入した不動産は、通常の取引価格（時価）で評価されます。
そして、不動産価格が課税時期における通常の取得価格に相当すると認められる場合は、帳簿価格（簿価）で評価します。

収益不動産の場合、土地については貸家建付地の評価減、建物については貸家としての評価減が適用できます。

土地の評価減後の価額
取得価格 6,000万円×（1－0.7×0.3）＝4,740万円

建物の評価減後の価額
取得価格 1億4,000万円×（1－0.3）＝9,800万円

この結果、貸借対照表は【図6-13】のようになります。

図6-13　貸借対照表（不動産購入後）

資産	38,000万円	負債	20,000万円
土地	4,740万円	不動産取得による負債	18,000万円
建物	9,800万円	純資産	14,540万円
計	52,540万円	計	52,540万円

土地・建物の取得によって、資産が4億円から5億2,540万円に増える一方、物件取得のための借り入れによって負債も2億円から3億8,000万円（元の負債＋借入金）に膨らみ、純資産価額は1億4,540万円となりました。

純資産価額
資産 5億2,540万円－負債 2億円－不動産取得による負債 1億8,000万円
＝1億4,540万円

不動産購入前の純資産価額が2億円だったので、評価は27.3％下がったことになります。

2. 不動産購入から3年経過後の純資産価額

不動産の購入から3年が経過すると、土地は路線価、建物は固定資産税評価額に基づく相続税評価額を適用できるようになります。

併せて、土地については貸家建付地の評価減、建物については貸家としての評価減が適用できるので、不動産購入から3年未満に比べて、自社株の評価額はさらに下がります。

以下に具体的なシミュレーションを示しますが、計算を単純化するため、次の条件を設定します。

- **3年経過しているが、路線価、固定資産税評価額は取得時と同額とする**
- **3年経過しているが、不動産取得による負債は減っていないものとする**
- **3年経過しているが、物件からの収入等はないものとする**

土地・建物の評価減後の価額は、以下のようになります。

土地の評価減後の価額

相続税路線価 1億円×（1－0.7×0.3）＝7,900万円

建物の評価減後の価額

固定資産税評価額 4,000万円×（1 －0.3）＝2,800万円

この結果、貸借対照表は【図6-14】のようになります。

図6-14　貸借対照表（不動産購入3 年後）

資産	38,000万円	負債	20,000万円
土地	7,900万円	不動産取得による負債	18,000万円
建物	2,800万円	純資産	10,700万円
計	48,700万円	計	48,700万円

相続税評価を適用したことで、資産が購入後3年未満時点の5億2,540万円から4億8,700万円に減り、結果として純資産価額も1億700万円まで圧縮されました。

純資産価額

資産 4億8,700万円－負債 3億8,000万円＝1億700万円

不動産を購入する前の純資産価格は2億円でしたから、じつに46.5％も圧縮されたことになります。

以上のように、類似業種比準価額方式、純資産価額方式のいずれにおいても、収益不動産を活用すると、自社株評価を大幅に圧縮できるます。

「自分の会社の場合、どのように活用すればよいのか？」と思った方は、税理士などの専門家に相談しつつ、物件の選定や取得に当たっては、法人向け収益不動産活用の実績がある専門会社に依頼することをお勧めします。

【ニーズ7】収益不動産で個人の相続税負担を抑える

第1章でも触れたように、オーナー経営者は、後継者のために自社株評価を下げておくだけでなく、他の家族のことも考えて相続対策を行っておく必要があります。

オーナー経営者の資産内訳を見ると、自社株が相当の割合を占めるケースが大半です。それをすべて後継者に相続・贈与すると、どうしても他の家族に不公平感が出てしまいます。

後継者以外の家族にも財産をしっかり残してあげないと、取り分の少ない家族が後継者に遺留分減殺請求をするといったトラブルに発展しかねません。

かといって、複数の家族に自社株を分け与えるのが賢明な策とは言えません。後になってから経営を巡って家族同士で揉める原因になってしまいます。

このような相続を巡る家族のいざこざを回避するうえでも、収益不動産が非常に役立ちます。

なぜなら、【ニーズ6】で示したように、物件の市場価格（時価）と相続税評価額の差を利用し、借り入れによって相続税評価額上の資産を圧縮すれば、財産分与がしやすくなるからです。

具体的にシミュレーションをしてみましょう。

以下のような家族構成で、相続を行うと想定します。

家族構成　**本人（会社オーナー）、妻、長男（会社の後継者）、長女**

保有資産　**自社株3億円、現金1億円**

自宅（土地8,000万円、建物2,000万円）市場価値は1.2億円

※金額は相続税評価額、個人債務なし

相続税の算出方法については、30ページで詳しく解説しましたが、簡単におさらいしておきます。

相続税算出の基礎

①各財産の相続税評価額の合計額から基礎控除額を控除した金額を算出する

- 基礎控除額：3,000万円＋600 万円×法定相続人の数
- 相続税評価額は基礎控除額を下回る場合は、相続税はかからない
- 生命保険や死亡退職金の非課税限度額は、
  それぞれ、500万円×法定相続人の数

②法定相続通りに相続したとして、相続税総額を計算する

③上記②で求めた総額に対し、実際に相続する割合に応じて、

各相続人の税額を按分する

なお、自宅の土地に関しては「小規模宅地等の特例」が適用されます。

このケースでは、自宅の土地の本来の評価額は8,000万円ですが、特例の適用によって80%減の1,600万円となります。

以上の計算式に基づいて、このケースにおける相続税の課税対象額を計算すると、以下の通り、3億8,800万円となります。

相続財産の総額

自社株 3億円＋現金1億円＋自宅土地 1,600万円
＋自宅建物 2,000万円＝4億3,600万円　a

基礎控除額

3,000万円＋600万円×法定相続人 3人＝4,800万円　b

相続税の課税対象額

a－b＝3億8,800万円

これを法定相続割合通りに相続すると、以下の通り、相続税総額は1億480万円となります（32ページの【図1-5】相続税の速算表を参照）。

課税対象額を法定相続割合で按分する

妻　3億8,800万円×1/2（法定相続分）＝1億9,400万円
長男　3億8,800万円×1/4（法定相続分）＝9,700万円
長女　3億8,800万円×1/4（法定相続分）＝9,700万円

各相続人の相続税額を算出する

妻　1億9,400万円×40%－1,700万円＝6,060万円

長男　9,700万円×30%－700万円＝2,210万円
長女　9,700万円×30%－700万円＝2,210万円

相続税総額
6,060万円＋2,210万円＋2,210万円＝1億480万円

仮に法定相続割合通りに相続したとすると、各相続人の納税額は以下の通りとなります。

妻　　1億480万円×1/2＝5,240万円※
長男　1億480万円×1/4＝2,620万円
長女　1億480万円×1/4＝2,620万円
※妻は配偶者控除を受けられるので一次相続において妻の相続税はゼロになる。

実際には、上記のように各相続人が法定相続割合に応じて財産を相続することは滅多にありません。

このケースの場合も、事業の後継者である長男が自社株をすべて承継すると、法定相続割合を大きく上回ってしまいます。

このままでは相続後に揉める可能性もありますが、ひとまず長男が自社株のすべてを、妻と長女は現金と自宅をほぼ均等に相続したとすると、それぞれの納税額は以下のようになります。

妻　　1億480万円×（自宅土地1,600万円＋自宅建物2,000万円＋現金2,000万円）÷4億3,600万円＝1,346万円※

長男　1億480万円×自社株3億円÷4億3,600万円＝7,211万円
長女　1億480万円×現金8,000万円÷4億3,600万円＝1,923万円
※妻の相続税はゼロになる。

この場合、財産分与をいかに公平にするかということに加え、長男が7,000万円以上もの納税資金をどうやって確保するのか、という問題が生じます。

そこで役に立つのが収益不動産なのです。

収益不動産を活用すれば、相続資産を圧縮し、結果的に相続税金額を大きく減らすことが可能です。

基本的な考え方は【ニーズ6】の自社株評価の圧縮と同じですが、個人の相続対策においては、法人よりもダイレクトに資産を圧縮できますし、購入した直後から効果が得られます。

事業承継を考えると、生前に自社株を長男に贈与（または売買）するのが望ましいと言えますが、ここでは、相続によって事業承継をした場合でも、資産の圧縮によって税負担を軽減できるということを、シミュレーションによって説明します。

まず、以下のような条件で収益不動産を購入したと想定します。

【物件概要】

市場価格　8億円

相続税評価額　4億5,000万円

借入金額　7億5,000万円　（自己資金5,000万円）

購入するのは1棟でも構いませんが、後継者以外の家族にも分与することを考えるのであれば、上記の市場価格の範囲内で、複数棟を購入したほうがいいかもしれません。2億円から3億円の物件を、2～3棟購入するといったイメージです。

いずれにしても、購入後の保有資産と債務の状況は以下のようになります。

購入後の保有資産・債務状況

保有資産　自社株3億円、現金5,000万円

自宅　（土地8,000万円、建物2,000万円）
収益不動産4億5,000万円

債務　　　7億5,000万円
※自宅の市場価値（時価）は1億2,000万円
※自宅土地に関しては「小規模宅地等の特例」が適用
　され、80％減の1,600万円となる

そして、この状態で相続が発生すると、相続税の納税額は以下のようになります。

相続財産の総額
自社株3億円＋現金5,000万円＋自宅土地1,600万円
＋自宅建物2,000万円＋収益不動産4億5,000万円
ー負債7億5,000万円＝8,600万円

【相続税の課税対象額】
8,600万円 ー 4,800万円（基礎控除）＝ 3,800万円

課税対象額を法定相続割合で按分する
妻　　3,800万円×1/2＝1,900万円
長男　3,800万円×1/4＝950万円
長女　3,800万円×1/4＝950万円

各相続人の相続税額
妻　　1,900万円×15％－50万円＝235万円
長男　950万円×10％＝95万円
長女　950万円×10％＝95万円

相続税総額

235万円＋95万円＋95万円＝425万円

以上のように、相続税総額を425万円に圧縮することができました。

対策前の相続税総額は1億480万円でしたから、じつに1億円以上もの節税が実現することになります。

ただし、この対策を実行する際には、いくつか留意すべき点があります。

まず、収益不動産の活用によって相続税は大きく圧縮できますが、ローンを組んで物件を購入するので、当然ながら借入金の返済義務が発生します。購入した物件の空室率が上がったり、修繕費が多くかかったりすると返済に窮する可能性があるので、十分なキャッシュフローを確保できる物件を選ぶこと、または、十分な手持ち現金を残しておくことが大切です。

また、1つの物件を複数の相続人で共有すると、後々揉める原因となります。できることなら複数棟を取得し、それぞれの相続人が単独の所有権で相続できるようにしておくといいでしょう。

【コラム①】

相続税評価額の過度な圧縮は禁物です

収益不動産を活用した相続対策において、過度な圧縮を行うと、税務当局から否認されるリスクがあることには注意が必要です。

具体的な判例の1つに、東京地裁平成29年（行ウ）第539があります。

本件は、相続が発生する3年5ヵ月前に被相続人（亡くなった方）が収益不動産を1棟、同じく2年6ヵ月前にさらに1棟購入し、同時に借り入れを起こすことで、不動産の時価と相続税評価額の差、および借り入れを他の相続財産と合算し、相続税をゼロとして申告したことに対するものです。

税務署は、評価通達6項（評価通達の定めにより評価することが著しく不適当な場合に国税庁長官の指示で評価する定め）に基づき、別途不動産鑑定士による鑑定評価額による評価を行い、その評価が適正として更正処分を行いました。なお、相続人は相続開始の9ヵ月後に購入した不動産を売却しています。

裁判の結果、東京地方裁判所は国（税務署）の主張通り、本件での評価通達6項に基づく鑑定評価額を認め、最高裁でも同様の判決が下されました。

租税負担の実質的な公平を著しく害することが明らかな「特別の事情」がある場合には、評価通達で定める以外の合理的な方法で評価することが許されると解すべきとして、評価通達6項の定めを支持した形となります。

このように、行き過ぎた相続対策は法に抵触し、かえって不利益を大きくする可能性があります。また、2023年6月にはタワマン節税封じ込みのニュースが出てきました。相続税評価額が市場価格の6割程度になるのではないか、というものです。相続や事業承継は時間をかけることが税務リスクを下げるポイントになるかと思いますので、直前ではなく余裕をもって実行すること、相続対策のみを目的とした取引ではなく、投資収益の獲得も目的とする不動産投資ビジネスとして行う必要があります。

なるべく早い段階から対策を講じていくことが大切だと言えます。

【コラム②】

資産管理法人を持株会社にすると事業会社の自社株評価が下がる

自社株評価を下げる“裏ワザ”の1つとして、不動産投資のために設立した資産管理法人（198ページ参照）を事業会社の“持株会社”とする方法があります。

オーナー経営者が事業会社の株式を直接保有すると、自社株の評価は100%となりますが、資産管理法人が“持株会社”として事業会社の株を保有し、オーナー経営者は資産管理法人の株式を持つという間接保有の形態にすると、トータルの自社株の評価は、最大63%まで下がります。資産管理法人が保有する事業会社株式の含み益（事業会社株式の評価額－事業会社株式の取得価額）に対して、37%の法人税相当額を控除することが可能なためです。（【図6-15参照】）。

この方法を実践する場合、資産管理法人は、総資産に占める事業会社の株式の割合よりも、保有する不動産の割合を大きくすると、さらに評価額を下げることが可能となります。

と言うのも、総資産の半分以上を事業会社の株式が占めると、税法上、資産管理法人は株式保有特定会社とみなされ、純資産価額の評価となってしまいますが、総資産の半分以下であれば事業会社とみなされ、会社規模に応じて類似業種比準価額を評価に取り入れることが可能になるからです。

“持株会社”であっても、事業会社のステータスのままで自社株を保有させるというのが、このスキームの重要なポイントです。

図6-15　株主と“持株会社”、事業会社の関係

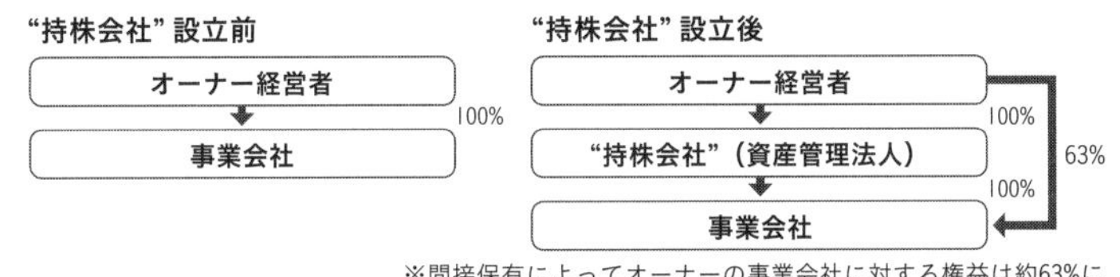

第7章

経営者の
収益不動産活用
5つの成功事例

ここまで、収益不動産を活用すれば、安定収益源の確保、節税、相続対策というオーナー経営者の“3つの悩み”が、いかに解決できるのかということを説明してきました。

最後の第7章では、実際に収益不動産を活用して、悩みを解決された5名のオーナー経営者、元経営者の事例を紹介します。

いずれも、実際に当社にご相談にいらっしゃったお客さまで、「想像以上の効果が得られた」とご満足いただいています。

なお、お客さまのプライバシーを考慮して、事例には多少のアレンジを加えています。すべての事例で物件所在地エリアは、関東圏および関西圏となっています。

事例① 本業以外の収益を確保するため 6棟の収益不動産を取得 ～A様

年齢	40歳
業種	精密機械の部品製造
売上	10億円
営業利益	5,000万円

最初に紹介するのは、5年前に精密機械部品メーカーの経営を父親から承継したオーナー経営者のA様です。

A様が経営を譲り受けた会社は、事業そのものは安定していましたが、扱っている部品の市場規模は縮小傾向にあり、右肩上がりの成長を続けることは期待しにくい状況でした。そこで、本業の売上を補う収益源として、不動産賃貸業を検討しました。

とはいえ、最初のころは「本当に不動産投資で収益が上げられるのか？」と半信半疑だったそうです。

「もともと株式投資の経験はあったのですが、多額の資金を投入する不動産投資には、何となく怖いイメージがありました。とはいえ、リスクはあるけれど、物件選びやファイナンス戦略をしっかり行えば十分な収益が上げられるということを知って、やってみたいと思うようになりました」とA様は振り返ります。

A様は、不動産投資を始めるにあたって、経営する会社の販売管理費のうち、社員への給料など年間約4,000万円の人件費を不動産賃貸業のキャッシュフローで賄えるようにしたいという目標を立てました。

現在の部品製造だけでは、右肩上がりの成長は望めず、今後の市場の変化によっては、むしろ業績が悪化の一途を辿る恐れもあります。仮にそうなったとしても、社員を養っていけるだけのお金は不動産賃貸業でしっかりと確保しておきたいと考えたのです。

A様の会社が自己資金として投下できるのは最大で1億5,000万円です。

この自己資金をもとに、金融機関から融資を受け、購入できる範囲で少しずつ物件を取得する戦略を取りました。物件の取得名義は事業法人とし、社内に不動産賃貸業事業部という新しい部署を立ち上げていただきました。

取得する物件のポートフォリオは、新築と中古をバランスよく組み合わせることにしました。

A様がこれまでに取得した物件の概要は、以下の通りです。

事業法人による不動産投資の場合、税引前CFを販売管理費などの事業資金として投下することを踏まえ、税引前CFまでの計算としています。

物件1（一棟新築木造物件「Z-MAISON」）

【物件概要】

物件金額　1億2,000万円
（土地4,800万円、建物7,200万円）

CHAPTER 7

購入諸費用	420万円　(土地建物割合に応じて按分、土地4,968万円、建物7,452万円)
年間満室想定賃料	850万円　(表面利回り7.08%)
NOI	647.0万円　(FCR5.21%)

【資金計画】

自己資金	1,620万円
借入金額	1億800万円(金利0.8%、返済期間35年、元利均等返済)
元利返済額	353.8万円　(ローン定数K3.27%)

【税引前キャッシュフロー】

税引前CF＝NOI 647.0万円－元利返済額 353.8万円＝293.2万円

物件2(一棟新築木造物件「Z-MAISON」)

【物件概要】

物件金額	1億2,600万円(土地5,040万円、建物7,560万円)
購入諸費用	460万円　(土地建物割合に応じて按分、土地5,224万円、建物7,836万円)
年間満室想定賃料	890万円　(表面利回り7.06%)
NOI	689.4万円　(FCR5.28%)

【資金計画】

自己資金	2,350万円
借入金額	1億710万円(金利0.6%、返済期間35年、元利均等返済)
元利返済額	339.3万円　(ローン定数K3.17%)

【税引前キャッシュフロー】

税引前CF＝NOI 689.4万円－元利返済額 339.3万円＝350.1万円

物件3（一棟中古リノベーション物件「Z-RENOVE」 築27年 RC造）

【物件概要】

物件金額	2億3,600万円 （土地7,080万円、建物1億6,520万円）
購入諸費用	790万円　（土地建物割合に応じて按分、 土地7,317万円、建物1億7,073万円）
年間満室想定賃料	1,890万円　（表面利回り8.00％）
NOI	1,380.7万円　（FCR5.66％）

【資金計画】

自己資金	3,390万円
借入金額	2億1,000万円 （金利0.8%、返済期間25年、元利均等返済）
元利返済額	927万円　（ローン定数K4.41％）

【税引前キャッシュフロー】

税引前CF＝NOI 1,380.7万円－元利返済額 927万円＝453.7万円

物件4（一棟中古リノベーション物件「Z-RENOVE」 築24年 RC造）

【物件概要】

物件金額	4億8,300万円 （土地2億6,005万円、建物2億2,295万円）
購入諸費用	1,090万円　（土地建物割合に応じて按分、 土地2億6,592万円、建物2億2,798万円）

年間満室想定賃料　3,620万円　(表面利回り7.50%)
NOI　2,754.8万円　(FCR5.58%)

【資金計画】

自己資金　3,390万円
借入金額　4億6,000万円
(金利1.0%、返済期間26年、元利均等返済)
元利返済額　2,009.9万円　(ローン定数K4.37%)

【税引前キャッシュフロー】

税引前CF＝NOI 2,754.8万円－元利返済額 2,009.9万円＝744.9万円

物件5(一棟中古物件　築8年　RC造)

【物件概要】

物件金額　2億8,770万円
(土地1億4,385万円、建物1億4,385万円)
購入諸費用　640万円　(土地建物割合に応じて按分、
土地1億4,705万円、建物1億4,705万円)
年間満室想定賃料　1,760万円　(表面利回り6.11%)
NOI　1,302.1万円　(FCR4.43%)

【資金計画】

自己資金　3,410万円
借入金額　2億6,000万円
(金利0.75%、返済期間30年、元利均等返済)
元利返済額　968.0万円　(ローン定数K3.72%)

【税引前キャッシュフロー】

税引前CF＝NOI 1,302.1万円－元利返済額 968.0万円＝334.1万円

物件6（一棟中古リノベーション物件「Z-RENOVE」築30年 RC造）

【物件概要】

物件金額	1億2,700万円 （土地3,810万円、建物8,890万円）
購入諸費用	440万円 （土地建物割合に応じて按分、 土地3,942万円、建物9,198万円）
年間満室想定賃料	690万円 （表面利回り5.43%）
NOI	553.2万円 （FCR4.21%）

【資金計画】

自己資金	440万円
借入金額	1億2,700万円 （金利0.5%、返済期間30年、元利均等返済）
元利返済額	455.9万円 （ローン定数K3.59%）

【税引前キャッシュフロー】

税引前CF＝NOI 553.2万円－元利返済額 455.9万円＝97.3万円

物件6についてはキャッシュフロー目的と言うより資産性重視で、東京23区内の好立地物件となります。

全6物件を取得し、年間の税引前CFの合計額は2,273.3万円になりました。

全体税引前CF＝293.2万円＋350.1万円＋453.7万円＋744.9万円
＋334.1万円＋97.3万円
＝2,273.3万円

A様の会社が投下した自己資金の合計は1億4,600万円、自己資金に対する利回りは15.57%です。

自己資金利回り＝税引前CF 2,273.3万円÷自己資金 1億4,600万円
＝15.57%

今後は、目標である4,000万円のキャッシュフローを得るため、継続的に収益不動産を増やしていく方針です。

不動産賃貸業によって安定的な収益源を確保できたことは、A様に「心のゆとり」をもたらしたようです。

「『人件費をどう賄っていくか？』という心配が減ったことで、気持ちがとてもラクになりました。おかげで本業にも積極的に取り組めるようになり、現在、同業他社のM&Aに着手しています」（A様）

すでに同業他社1社をグループ傘下に収めており、今後さらにM&Aを展開していきたいとのこと。「不動産賃貸業の拡大に合わせて、本業も大きく成長させていきたい」と意欲を燃やしておられます。

事例② 会社売却によって得た資金を不動産投資で大きくしたい　～B様

年齢	50歳
職業	元経営者
家族構成	奥様、お子様2人
金融資産	10億円

B様は、20年ほど前に自ら会社を立ち上げ、オーナー経営者として活躍された方です。3年前に経営する会社の全株式を大手企業に売却し、納税後で10億円の現金を手に入れました。

家族は奥様とお子様2人ですが、大学生と高校生のお子様たちは遠からず独り立ちするので、「10億円あれば、何もしなくても悠々自適の人生が送れるはずだ」と楽観していました。

ところが、何もせずにただ暮らしていると、お金はどんどん減っていきます。もちろん支出をしっかり管理すれば、一生働かなくても暮らしていけるだけの金額は確保できるはずですが、預金通帳の残高が減り続けるのを見ると、何となく不安に感じるものです。

B様は、少しでもお金を殖やしたいと思い、金融機関が勧める投資商品などを買ってみました。

多額の資金を手に入れた人には、いろいろな金融機関が投資の話を持ち掛けてきます。B様のところにもそんな話がいくつか舞い込み、勧められるままに買ってみたのですが、資金が殖えるどころか、むしろ相場の急変動によって大きな含み損を抱えてしまった商品がいくつもあります。

がっかりしたB様は、リスクをコントロールできて、手堅い資産運用ができ、資産保全にもつながる方法だと聞いて、不動産投資を始めてみることにしました。

B様のご希望は、「まずは小さく始めてみて、成果が見込めると思ったら買い増ししていきたい」というものでした。最終的には、「毎月のキャッシュフローだけで日常の生活費が賄えるようになり、貯金が減らない状態、あるいは殖えていく状態を目指したい」とのことでした。

当社としては、よりリスクが低い新築物件からスタートし、成功体験を積んだ後は大型のRC造物件にも取り組んでいくことを提案しました。

B様は新たに資産管理法人をつくり、法人名義で物件取得を進めていくことにしました（資産管理法人の税率は21％とします）。

当社からのアドバイスをもとに、B様が取得したのは以下の物件です。

物件1（一棟新築木造物件「Z-MAISON」）

【物件概要】

物件金額	1億3,900万円 （土地5,560万円、建物8,340万円 ※うち建物付属設備1,668万円）
購入諸費用	430万円 （土地建物割合に応じて按分、土地5,732万円、 建物8,598万円　※うち建物付属設備1,720万円）
年間満室想定賃料	970万円　（表面利回り7.02％）
NOI	770.6万円　（FCR5.37％）

【資金計画】

自己資金	1,930万円
借入金額	1億2,400万円 （金利0.8％、返済期間35年、元利均等返済）
元利返済額	406.3万円　（ローン定数K3.28％）

【税引前キャッシュフロー】

税引前CF＝NOI 770.6万円－元利返済額 406.3万円＝364.3万円

【損益計算】

NOI	770.6万円
支払利息	▲98.1万円
減価償却費	▲431.6万円
課税所得	240.9万円
納税金額	50.6万円

【税引後キャッシュフロー】

税引後CF＝税引前CF 364.3万円－納税金額 50.6万円＝313.7万円

物件2（一棟新築木造物件「Z-MAISON」）

【物件概要】

物件金額	1億400万円 （土地4,160万円、建物6,240万円 ※うち建物付属設備1,248万円）
購入諸費用	330万円 （土地建物割合に応じて按分、土地4,292万円、 建物6,438万円　※うち建物付属設備1,288万円）
年間満室想定賃料	730万円　（表面利回り7.01％）
NOI	575.4万円　（FCR5.36％）

【資金計画】

自己資金	1,430万円
借入金額	9,300万円 （金利0.85％、返済期間30年、元利均等返済）
元利返済額	351.3万円　（ローン定数K3.78％）

【税引前キャッシュフロー】

税引前CF＝NOI 575.4万円－元利返済額 351.3万円＝224.1万円

【損益計算】

NOI	575.4万円
支払利息	▲77.9万円
減価償却費	▲323.1万円
課税所得	174.2万円

納税金額　36.5万円

【税引後キャッシュフロー】

税引後CF＝税引前CF 224.1万円－納税金額 36.6万円＝187.5万円

物件3（一棟中古リノベーション物件「Z-RENOVE」 築25年 RC造）

【物件概要】

物件金額	1億5,500万円 （土地4,650万円、建物1億850万円）
購入諸費用	670万円　（土地建物割合に応じて按分、 土地4,851万円、建物1億1,319万円）
年間満室想定賃料	1,260万円　（表面利回り8.12%）
NOI	1,034.8万円　（FCR6.40%）

【資金計画】

自己資金	3,770万円
借入金額	1億2,400万円 （金利1.5%、返済期間27年、元利均等返済）
元利返済額	558.8万円　（ローン定数K4.51%）

【税引前キャッシュフロー】

税引前CF＝NOI 1,034.8万円－元利返済額 558.8万円＝476万円

【損益計算】

NOI	1,034.8万円
支払利息	▲183.4万円
減価償却費	▲430.1万円
課税所得	421.3万円

納税金額　　　　　88.5万円

【税引後キャッシュフロー】

税引後CF＝税引前CF 476万円－納税金額 88.5万円＝387.5万円

購入したのは、新築物件2棟、中古リノベーション物件1棟の計3棟です。

総額で7,130万円の自己資金を投入し、合計1,064.4万円の税引前CF、税引後CFは888.7万円を得られるようになりました。

B様が経営者だったころの年収は約2,000万円でした。不動産投資を始めた結果、その半分近くのキャッシュフローを得られる状態になったわけです。

「年間1,000万円のキャッシュフローがあれば、資金を取り崩さなくても、家族4人で普通の生活を送ることはできます。とはいえ、貯金を崩さなくてももう少し贅沢をしたいので、今後さらに物件を増やしていきたいですね」とB様。

ちなみに、新築中心の物件ポートフォリオでも比較的多めのキャッシュフローが得られたのは、借入金利が低めだからです。B様のように多額の金融資産を持っておられる方なら、非常に有利な条件で資金を借りることができます。

会社を売却して多額の現金を手にした元経営者の方や、ストックオプションを行使して大きな報酬を得た元会社役員の方などは、金融機関から優遇されやすいので不動産投資を積極的に行うべきです。

不動産投資をすれば、むしろ資産を殖やせる可能性があることを知ったB様は、「いずれ、また何か事業を始めてみたい」とも思っているようです。

「お金が減る心配がなくなったので、当面は安心して趣味や家族との時間を楽しむつもりですが、面白い事業のアイデアが浮かんだら、思い切ってチャレンジしてみたいですね。仮に新しい事業が上手くいかなかったとしても、不動産投資で安定した収入を得られているのはとても心強いですし、家族に心配をかけずに済む点もありがたいと思っています」（B様）

事例③ 家族との時間を大切にするため不動産投資を始めて本業をセーブ 〜C様

年齢	58歳
職業	開業医
家族構成	奥様、お子様2人
個人年収	7,000万円
金融資産	1億5,000万円

C様は、ある地方都市の開業医です。医学部を卒業後、大学病院勤務を経て、父親が院長を務めていた小さな病院を受け継ぎました。

30年近くにわたってバリバリ働き続けてきましたが、気が付けばもう58歳。医者というものは体力と気力が要求される職業とのことで、「そろそろセミリタイヤしようか」と考えるようになりました。

従来は週6日だった勤務を、週3〜4日に減らしたいというのがC様の希望でした。働き詰めで、家族サービスらしいことをあまりしてこなかったので、奥様や2人のお子さんとの時間をもっと増やしたいという思いもありました。C様は遅く結婚されたので、お子さんたちはまだ小さく、甘えたい盛りなのです。

とはいえ、勤務日数を減らせば収入が減ってしまいますし、病院の患者にも迷惑をかけるので、新たに医師を雇用することも検討する必要があります。これらの問題を解決するため、C様は不動産投資を始めることにしました。

いろいろと情報を調べたところ、C様が住むような地方都市では、賃貸不動産の投資は不利だということがわかってきました。地方経済の疲弊や人口減少によって、入居者の確保に苦戦しますし、賃料と物件相場が下がり続ける可能性が高いからです。

インターネットで当社を知ったC様は、わざわざ東京本社まで訪ねていらっしゃいました。そして当社なら、地方にいながらでも関東圏や関西圏などの都市部の収益不動産を購入できるということを知っていただき、お付き合いが始まりました。

当社のコンサルティングをもとに、C様が取得されたのは以下の物件です。C様には収益不動産の保有を目的とした資産管理法人を作っていただきました(資産管理法人の税率は21%とします)。

物件1(一棟新築木造物件「Z-MAISON」)

【物件概要】

物件金額　1億3,300万円
(土地5,320万円、建物7,980万円
※うち建物付属設備1,596万円)

購入諸費用　380万円　(土地建物割合に応じて按分、
土地5,472万円、建物8,208万円
※うち建物付属設備1,642万円)

年間満室想定賃料　940万円　(表面利回り7.06%)

NOI　741.2万円　(FCR5.42%)

【資金計画】

自己資金　2,380万円

借入金額　1億1,300万円
(金利1.0%、返済期間30年、元利均等返済)

元利返済額　436.1万円　(ローン定数K3.86%)

【税引前キャッシュフロー】

税引前CF＝NOI 741.2万円－元利返済額 436.1万円＝305.1万円

【損益計算】

NOI　741.2万円

支払利息	▲111.5万円
減価償却費	▲412万円
課税所得	217.7万円
納税金額	45.7万円

【税引後キャッシュフロー】

税引後CF＝税引前CF 305.1万円－納税金額 45.7万円＝259.4万円

物件2（一棟新築木造物件「Z-MAISON」）

【物件概要】

物件金額	1億3,800万円 （土地5,520万円、建物8,280万円 ※うち建物付属設備1,656万円）
購入諸費用	410万円　（土地建物割合に応じて按分、 土地5,684万円、建物8,526万円 ※うち建物付属設備1,705万円）
年間満室想定賃料	970万円　（表面利回り7.02%）
NOI	770.6万円　（FCR5.42%）

【資金計画】

自己資金	1,810万円
借入金額	1億2,400万円 （金利1.2%、返済期間35年、元利均等返済）
元利返済額	434.1万円　（ローン定数K3.50%）

【税引前キャッシュフロー】

税引前CF＝NOI 770.6万円－元利返済額 434.1万円＝336.5万円

【損益計算】

NOI	770.6万円
支払利息	▲147.2万円
減価償却費	▲428.0万円
課税所得	195.4万円
納税金額	41万円

【税引後キャッシュフロー】

税引後CF＝税引前CF 336.5万円－納税金額 41万円＝295.5万円

物件3（一棟中古リノベーション物件「Z-RENOVE」築21年 RC造）

【物件概要】

物件金額	3億5,000万円 （土地1億5,750万円、建物1億9,250万円 ※うち建物付属設備3,850万円）
購入諸費用	960万円　（土地建物の割合に応じて按分、 土地1億6,182万円、建物1億9,778万円 ※うち建物付属設備3,956万円）
年間満室想定賃料	2,720万円　（表面利回り7.77％）
NOI	2,175.6万円　（FCR6.06％）

【資金計画】

自己資金	4,460万円
借入金額	3億1,500万円 （金利0.8％、返済期間30年、元利均等返済）
元利返済額	1,181.4万円　（ローン定数K3.75％）

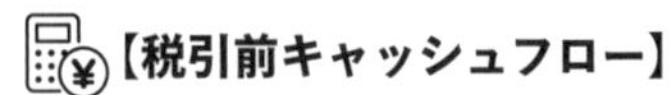

【税引前キャッシュフロー】

税引前CF＝NOI 2,175.6万円－元利返済額 1,181.4万円＝994.2万円

【損益計算】

NOI	2,175.6万円
支払利息	▲248.5万円
減価償却費	▲802.9万円
課税所得	1,124.2万円
納税金額	236万円

【税引後キャッシュフロー】

税引後CF＝税引前CF 994.2万円－納税金額 236万円＝758.1万円

新築2棟、中古リノベーション物件1棟の計3棟を取得。投入した自己資金は合計で8,650万円、税引前CFの合計は1,635.8万円、税引後CFの合計は1,313万円となりました。

C様の個人年収は7,000万円なので、仮に勤務日数を半分にすると、収入は単純計算で3,500万円まで減ります。それでも、不動産投資による税引前CFを加えれば、5,140万円近くの“年収”を確保できるようになるわけです。C様のような開業医の場合でも、B様のケースと同じように金融機関から有利な条件で借り入れを受けられました。

「生活水準を落とすことなく、家族をしっかり養っていけるように、キャッシュフローをどんどん増やしていきたいので投資規模拡大を目指していきます」(C様)

物件を増やしつつ、本業のペースも少しずつ抑えていくことを考えているそうです。

また、「取得した物件は、将来子どもたちに分け与えたい。継承しやすい資産が得られる点も、不動産投資の大きなメリットだと思います」とC様はおっしゃいます。

事例④ 事業承継を見据えて自社株評価対策をしたい ～D様

年齢	57歳
業種	サービス業
売上	20億円
経常利益	2億円

D様は23年前に自らの会社を立ち上げ、現在もオーナー社長として経営を担っておられます。

D様の家族構成と、会社の概要は以下の通りです。

家族構成

D様（57歳）、奥様（54歳）、長男（28歳）

D様の会社

サービス業	**第23期**
売上	**20億円**
経常利益	**2億円**
自社株評価	**7億円**
株主構成	**D様90%、奥様10%**

長年事業を続けてきたことで、会社の売上は20億円、経常利益は2億円まで拡大。資産も相当な額となったことで、自社株評価は7億円にも上ります。

もうすぐ60歳になるD様は、会社の将来のことを考え、なるべく早い段階でご長男に経営を譲りたいと思っていました。

しかし、問題は自社株評価が7億円と非常に高いことです。そのうえ、会社の利益は伸び続けており、増益ペースが現状のままだと自社株評価が毎年

5,000万円ずつ上がっていくことが予想されています。

「おかげさまでコロナ禍による経済情勢の変動が追い風となって業績は順調なのですが、その結果、自社株評価もどんどん上がっています。このままでは、長男は自社株を買うに買えなくなり、多額の贈与税で苦しませることになってしまいます。何とかならないかと顧問税理士に相談したところ、収益不動産を活用してはどうかと提案を受けたのです」とD様は振り返ります。

その顧問税理士の紹介で、D様は当社にご相談にいらっしゃいました。

お話をうかがったところ、D様は、好調な業績によって自社株評価がさらに上がる前にご長男に株式を譲りたいと考えている一方で、会社の経営を安定させるため、長期的にストック収益が得られる仕組みを構築しておきたいという希望をお持ちであることがわかりました。

そこで当社は、D様の顧問税理士と相談のうえ、以下のような計画をつくってD様に提案しました。

D様への提案内容

①持株会社を設立して、事業会社を子会社化する

②持株会社で収益不動産を購入し、株価を下げる

③今後の経営権を一定期間保持するため、黄金株を1株発行する

④持株会社の株式のうち、黄金株以外をご長男に生前贈与する

⑤時期を見て黄金株および事業会社の代表権をご長男に渡す

それぞれの目的と効果について、順を追って見ていきましょう。

①持株会社を設立して、事業会社を子会社化する

持株会社を設立するのは、不動産を取得して賃貸経営を行う資産管理法人とし、本業を行う従来の会社（以下、事業会社）を子会社として傘下に置くためです。

D様の場合、事業会社のみを子会社化して、不動産投資は持株会社が直接行うことにしました。つまり、持株会社がそのまま資産管理法人になるわけ

です（【図7-1】参照）。

図7-1　株主と持株会社、事業会社の関係（D様の例）

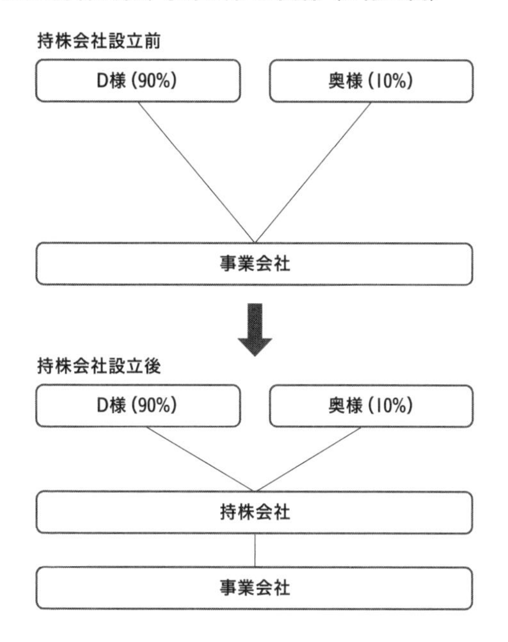

事業会社の子会社化にあたっては、会社法で認められた株式移転により、追加融資や税負担なく、株式を持株会社に移転することができました。この時点における持株会社の貸借対照表は【図7-2】の通りです。

図7-2　持株会社の貸借対照表

事業会社株式	70,000万円	純資産	70,000万円
計	70,000万円	計	70,000万円

②持株会社で収益不動産を購入し、株価を下げる

持株会社の株価評価は純資産価額方式で行われます。D様の場合、当初の段階では、持株会社の資産は事業会社の株式のみですから、資産は7億円（事業会社の自社株評価）ということになります。

当社は、この持株会社を通じて、総額で20億円（全6棟）の収益不動産を取得することをD様に提案しました。

収益不動産（6棟）合計の詳細

総額：　20億円

土地　　9億円　（相続税路線価7億円）

建物　　11億円　（固定資産税評価額8億円）

収益不動産であれば貸家建付地および貸家による評価減、さらに3事業年度以上保有することにより、土地は相続税路線価、建物は固定資産税評価額の適用による評価減が受けられます。

3事業年度後、すべての物件の評価額は以下のようになりました。

土地の評価減後の価額

路線価　7億円×（1－0.7×0.3）＝5億5,300万円

建物の評価減後の価額

固定資産税評価額　8億円×（1－0.3）＝5億6,000万円

物件購入資金の20億円は金融機関からの融資で賄い、物件購入の諸費用7,000万円は事業会社から借り入れました。

その結果、物件取得から3事業年度が経過後の持株会社の貸借対照表は【図7-3】のようになり、持株会社の株式評価（純資産）は1億300万円まで圧縮されました。なお、事業会社株式は毎年5,000万円価値が上がり、借入金は3年間で2億1,000万円返済し18億6,000万円になりました。

図7-3　持株会社の貸借対照表（不動産購入後）

事業会社株式	85,000万円	借入金	186,000万円
土地	55,300万円		
建物	56,000万円	純資産	10,300万円
計	196,300万円	計	196,300万円

何もしなければ7億円のままだった純資産が、1億300万円まで8割以上も圧縮されたのですから、収益不動産の効果は絶大です。

おかげでD様は、問題なくご長男に自社株を承継することができる状態になりました。

③今後の経営権を一定期間保持するため、黄金株を1株発行する

D様は、ご長男に自社株を譲った後も、「健康なうちは、経営者として仕事を続けていきたい」と思っていました。

また、事業承継では、一定の時間をかけて経営ノウハウや人脈、得意先・取引先などを後継者に引き継ぐことが重要であることから、株を贈与した後も一定の影響力を持つことを希望されていました。

そこで、持株会社で「黄金株」（拒否権付株式）を1株発行し、それをD様が持つことで、株主総会決議事項や取締役会決議事項で拒否権を発動できるようにしました（【図7-4】参照）。

図7-4　黄金株の発行

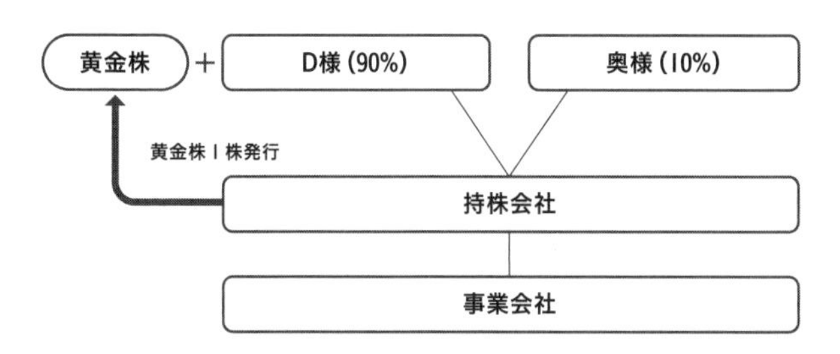

④持株会社の株式のうち、黄金株以外を長男に生前贈与する

D様は黄金株1株だけを取得し、D様と奥様が持っていた残りすべての自社株をご長男に贈与しました（【図7-5】参照）。

図7-5　黄金株以外の贈与

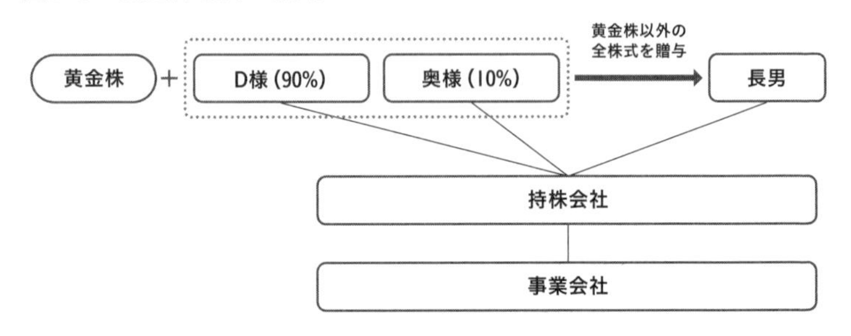

この株式贈与において、D様は相続時精算課税制度を利用しました。

通常の贈与では累進課税によって税率が高くなることや、本業で好調な業績が続き、事業会社や持株会社の株価が上がったとしても、この制度を利用すれば贈与時の株価で固定できることなどが理由です。

相続時精算課税制度の利用によって、ご長男が納める贈与税額は、最終的に以下のようになりました。

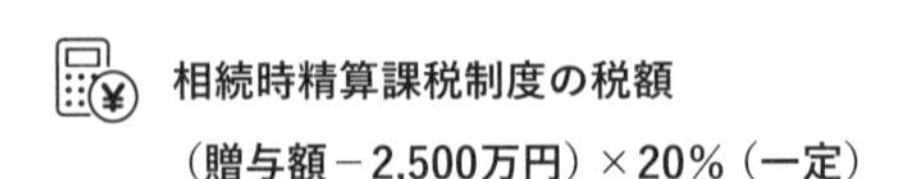

相続時精算課税制度の税額

（贈与額－2,500万円）×20%（一定）

D様の持株会社の持ち分株価＝2億700万円

奥様の持株会社の持ち分株価＝2,300万円

※奥様の分は2,500万円以下につき非課税

ご長男の贈与税納税額

（2億700万円－2,500万円）×20%＝3,640万円

⑤時期を見て黄金株および事業会社の代表権を長男に渡す

以上の手続きによって、ひとまず自社株の承継は完了しました。

しかし、D様は「株式だけは受け渡しましたが、事業自体の承継はこれから。会社を完全に譲り渡すまでには、学んでもらうことがたくさんあります」と語ります。

D様は、いずれ自分が持っている黄金株をご長男に贈与するか、持株会社に買い取らせる手法で事業承継を完了させる計画です（【図7-6】参照）。

D様は、「収益不動産を活用したおかげで、贈与税や相続税の不安がなくなり、息子へ経営者としてのノウハウを受け継ぐ作業に専念できるようになりました」と、大変よろこんでおられます。

図7-6　代表権の移行

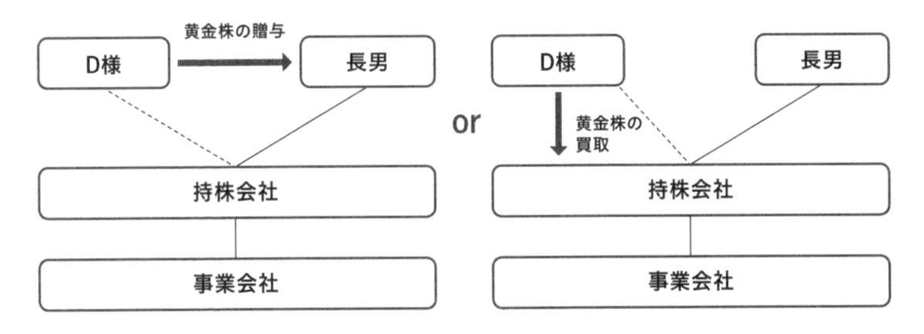

事例⑤ 役員報酬への所得税・住民税を抑えるため減価償却費の大きな物件を取得　～E様

年齢	38歳
業種	広告コンサルティング業
売上	20億円
経常利益	1億円
役員報酬	年収6,000万円

E様は会社を設立して10年目を迎えるオーナー経営者です。会社の業績は右肩上がりで向上し、わずか10年で売上高20億円、経常利益1億円の規模に急成長しました。

社員も複数雇用していますが、この急成長はほとんどE様自身の経営手腕によって実現したものです。その対価として、E様は6,000万円を役員報酬として受け取っても会社に1億円の経常利益を残せるまでになりました。

役員報酬を増やせば、納める所得税の額も大きくなります。所得税の税率は累進課税によって所得が高くなるほど上がり、課税所得が4,000万円以上の場合は45%の税率が適用されます。住民税10%と合わせると、年収の半分近くを税金として納めなければならなくなるわけです。

役員報酬を6,000万円に引き上げたのに、半分ほどしか手元に残らないことを残念に思ったE様は、合法的に節税することができないかと考えました。その方法として、不動産投資を始めることにしたのです。

25ページでも解説したように、収益不動産を取得すると、その建物部分の減価償却を費用として計上し、所得を減らすことができます。

その効果を得るため、E様は当社のアドバイスをもとに、以下の2つの物件を取得しました（所得税・住民税率は55%とします）。

物件1（一棟中古リノベーション物件「Z-RENOVE」築26年 軽量鉄骨造）

【物件概要】

物件金額	**6,870万円（土地2,061万円、建物4,809万円）**
購入諸費用	**210万円（土地建物割合に応じて按分、土地2,124万円、建物4,956万円）**
年間満室想定賃料	**550万円（表面利回り8.00%）**

NOI　436.8万円　（FCR6.16％）

【資金計画】

自己資金　580万円

借入金額　6,500万円

（金利3.0％、返済期間30年、元利均等返済）

元利返済額　328.9万円　（ローン定数K5.06％）

【税引前キャッシュフロー】

税引前CF＝NOI 436.8万円－元利返済額 328.9万円＝107.9万円

【損益計算】

NOI　436.8万円

支払利息　▲193.1万円

減価償却費　▲827.6万円

課税所得　▲583.9万円

　土地利息反映後　▲526.0万円

税金還付　289.3万円

【税引後キャッシュフロー】

税引後CF＝税引前CF 107.9万円＋税金還付 289.3万円＝397.2万円

物件2（一棟中古リノベーション物件「Z-RENOVE」築28年 木造）

【物件概要】

物件金額　5,040万円

（土地1,512万円、建物3,528万円）

購入諸費用　160万円　（土地建物割合に応じて按分、

土地1,560万円、建物3,640万円）

年間満室想定賃料	410万円	（表面利回り8.13％）
NOI	321.8万円	（FCR6.18％）

【資金計画】

自己資金	160万円
借入金額	5,040万円
	（金利2.45％、返済期間28年、元利均等返済）
元利返済額	214.5万円　（ローン定数K4.26％）

【税引前キャッシュフロー】

税引前CF＝NOI 321.8万円－元利返済額214.5万円＝107.3万円

【損益計算】

NOI	321.8万円
支払利息	▲122.4万円
減価償却費	▲910.0万円
課税所得	▲710.6万円
土地利息反映後	▲673.9万円
税金還付	370.6万円

【税引後キャッシュフロー】

税引後CF＝税引前CF 107.3万円＋税金還付 370.6万円＝477.9万円

E様が取得したのは中古リノベーション物件2棟。投入した自己資金は合計で740万円。税引前CFの合計は215.2万円、税引後CFの合計は875.1万円となりました。税還付などによって、税引後CFは税引前より659.9万円も多くなっています。

物件1、物件2それぞれ法定耐用年数が過ぎた築古物件なので、減価償却期間は物件1で5年、物件2で4年となっており、1年あたりの減価償却費を大きく取ることができます。
物件1の建物部分の価格は4,809万円、物件2は3,528万円なので、それぞれ1年あたり962万円、882万円を減価償却として費用計上できるわけです。その結果、課税所得が大きくマイナスとなり給与所得と損益通算することで多額の節税が可能となるのです。

最初の物件を取得する段階では不安もあったようですが、実際に確定申告を行って物件1で289.3万円、物件2で370.6万円、合計659.9万円の税金還付を受けたことで、その効果を実感したそうです。

各物件の出口戦略としては、長期譲渡の税率が適用される5年以上保有したタイミングで売却することを検討しておられます。
210ページで解説したように、保有中の税率55%に対し、売却時の税率は20%と大きく差があるため、売却物件金額が大幅に下がらなければ、本当の意味での節税が可能となります。当社が再生したZ-RENOVEであればよい金額で次の買い手も見つかることでしょう。
不動産投資の魅力を知ったE様は「今後は資産管理法人を設立し、キャッシュフローを得るために収益不動産を購入することも検討したい」とおっしゃっています。

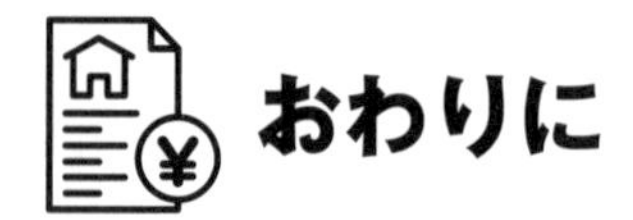

おわりに

本書を最後までお読みいただき、ありがとうございます。

不動産投資は、中小企業のオーナー経営者や元経営者の皆さまが抱える「安定収益源の確保」「税金対策」「事業承継」という3つの課題を抜本的に解決できることが、よくおわかりいただけたのではないかと思います。

私が代表を務める大和財託株式会社は、これらの悩みを抱えておられる皆さまに、収益不動産の活用を提案しそのサポートをすることで、これまでに多くの課題を解決してきました。

本書を読んでいただければわかるように、当社が提唱するのは、投機的な不動産投資ではなく、賃貸経営という事業を通じて確実なキャッシュフローの確保と、法人および個人の税金対策を実現するものです。

そもそも、私が当社を創業し、事業をする目的として掲げたのは、1人でも多くのオーナー経営者や元経営者の方々の悩みを解決することでした。

私自身も中小企業経営者であり、経営者の悩みがわかります。かつ、その解決方法として自らも不動産投資・不動産賃貸業を行い、経営の安定と成長を実現できており、資産管理法人の活用や個人での相続対策やタックスマネジメントなども実行しています。

この優れたノウハウを多くの経営者に知ってもらいたい。事業を通じて行ってきたが今回書籍を出すことでより広く知られるようになってほしい。というのが、今般の出版に際しての想いです。

当社は、以下の理念を掲げています。

「私たちは、資産運用の総合サービスを通じてお客様に経済的豊かさと人生に潤いを提供します。そして、私たちに関わるすべての人々が幸せになることで、地域社会ひいては日本国のさらなる発展に貢献することを私たちの使命とします。」

オーナー経営者は、その事業活動を通じて多くの社員に雇用機会をもたらし、取引先やお客さまの経済的繁栄に貢献しておられます。

そのように社会的に重要な役割を担っておられるオーナー経営者の悩みを解消し、中小企業が永続できる状態を実現することは、まさに私と当社の企業理念の実現になるのです。また、社会の繁栄に寄与した会社を売却して大きな資産を手に入れ、その運用や節税に悩んでおられる元経営者の皆さまをご支援することも、われわれの重要な役割であると考えています。

不動産投資を成功させるために重要なのは、信頼できるパートナーと一緒に取り組むことです。

当社は、【お客様の「お金」の悩みを解決する】ということを前提に、ご要望や状況をしっかりとうかがい、それぞれのお客様に最適なプランを提案します。ご要望や状況はさまざまですから、場合によっては、あえて収益不動産の活用をお勧めしないこともあります。

また、当社は不動産投資のコンサルティングを行うだけでなく、より広い視点でお客さまの資産運用を支援する「アセットマネジメント型」のサービスを提供しております。ご興味があれば、ぜひお気軽にご相談ください。

今回出版するにあたり、多くの方に大変お世話になりました。また、当社を信頼しお取引いただいているお客さま、当社の事業にご協力いただいている多くの取引先の皆さま、企業理念の実現のために日々仕事を頑張ってくれている当社社員の皆さまに、この場を借りて感謝申し上げます。

本書を通じて、1人でも多くの経営者、元経営者の皆さまが不動産投資・賃貸経営の正しい知識を身に付け、その悩みの解決によって、日本社会がよりよくなっていくことに貢献できれば、それに勝る喜びはありません。

2023年7月　大和財託株式会社

代表取締役CEO　藤原正明

［著者略歴］

藤原正明（ふじわら・まさあき）

大和財託株式会社 代表取締役CEO

1980年生まれ、岩手県出身。三井不動産レジデンシャル株式会社で分譲マンション開発に携わり、その後関東圏の不動産会社で収益不動産の売買・管理の実務経験を積む。2013年に大和財託株式会社を設立。収益不動産を活用した資産運用コンサルティング事業を関東圏・関西圏・中京圏で展開。全国の経営者や投資家、土地オーナーなどの悩みを解決し、絶大な支持を得ている。著書に『収益性と節税を最大化させる不動産投資の成功法則』、『収益性と相続税対策を両立する土地活用の成功法則』など。

監修：あいわ税理士法人

本書は投資の参考となる情報提供を目的としています。投資にあたっての意思決定、最終判断はご自身の責任でお願いいたします。本書の内容は2023年7月12日現在のものであり、予告なく変更されることもあります。また、本書の内容には正確を期する万全の努力をいたしましたが、万が一、誤りや脱落等がありましても、その責任は負いかねますのでご了承くださいませ。

新たな収益源確保と節税を実現する！
経営者のための不動産投資 成功法則

2023年8月11日　初版発行
2024年11月8日　第6刷発行

著　者　藤原正明

発行者　小早川幸一郎

発　行　株式会社クロスメディア・パブリッシング
〒151-0051 東京都渋谷区千駄ヶ谷4-20-3 東栄神宮外苑ビル
https://www.cm-publishing.co.jp
◎本の内容に関するお問い合わせ先：TEL（03）5413-3140／FAX（03）5413-3141

発　売　株式会社インプレス
〒101-0051 東京都千代田区神田神保町一丁目105番地
◎乱丁本・落丁本などのお問い合わせ先：FAX（03）6837-5023
service@impress.co.jp
※古書店で購入されたものについてはお取り替えできません

印刷・製本　株式会社シナノ

 ISBN978-4-295-40857-4　C2034